Sarah Burgard

Bindung als Schlüssel zum Leben

Sarah Burgard

Bindung als Schlüssel zum Leben

Die Rolle von Schwangerschaft und Geburt

Familienbande

Impressum / Imprint
Bibliografische Information der Deutschen Nationalbibliothek: Die Deutsche Nationalbibliothek verzeichnet diese Publikation in der Deutschen Nationalbibliografie; detaillierte bibliografische Daten sind im Internet über http://dnb.d-nb.de abrufbar.

Bibliographic information published by the Deutsche Nationalbibliothek: The Deutsche Nationalbibliothek lists this publication in the Deutsche Nationalbibliografie; detailed bibliographic data are available in the Internet at http://dnb.d-nb.de.

Coverbild / Cover image: www.ingimage.com

Verlag / Publisher:
Familienbande
ist ein Imprint der / is a trademark of
OmniScriptum GmbH & Co. KG
Heinrich-Böcking-Str. 6-8, 66121 Saarbrücken, Deutschland / Germany
Email: info@verlag-familienbande.de

Herstellung: siehe letzte Seite /
Printed at: see last page
ISBN: 978-3-639-62012-2

Inhaltsverzeichnis

Vorwort

Das Buch "Bindung als Schlüssel zum Leben - Die Rolle von Schwangerschaft und Geburt" von Sarah Burgard stellt ein Bewusstsein für eine Tiefendimension von Schwangerschaft und Geburt her, das uns in unserer immer noch patriarchal gefärbten Kultur nicht leicht zugänglich ist. In vorbildlicher Weise bringt sie Beobachtungen aus der Selbsterfahrung und der mütterlichen Einfühlung mit quantitativen Studien zusammen. Gerade dadurch werden wir in die Lage versetzt, die frühe Lebenswirklichkeit von Schwangerschaft und Geburt in ihrer ganzen Bedeutung wahrzunehmen. Oft werden nämlich Beobachtungen und Befunde zu Schwangerschaft und Geburt dissoziiert dargestellt, entweder werden ausschließlich die subjektiven Eindrücke geschildert oder nur statistische Zahlen präsentiert, so dass sich kein klares Gesamtbild ergeben kann. Aber gerade darum geht es, dass die Lebenswirklichkeit von Schwangerschaft und Geburt auf einem Niveau reflexiver Bewusstheit, wie es heute möglich ist, wahrgenommen wird und das nicht nur von den Frauen selbst, sondern auch im gesellschaftlichen Bewusstsein.

Was vielleicht früher einmal ein instinktives Wissen war, müssen wir uns heute vor dem Hintergrund einer Erweiterung unseres Wissens durch Naturwissenschaft und Medizin auf der einen Seite und Bewusstseinserweiterung durch Selbsterfahrung und Psychotherapie auf der anderen Seite neu erarbeiten. Das wird in diesem Buch von Sarah Burgard geleistet, und zwar nicht nur für die Frauen und werdenden Mütter selbst, sondern ebenso für Hebammen und Geburtshelfer, die oft in einem begrenzten Detailwissen gefangen sind.

Das Buch eröffnet damit einen Raum für die Frauen, sich mit ihrer Schwangerschaft und dem damit verbundenen Identitätswechsel auseinanderzusetzen. Wie lebensgeschichtlich bedeutsam dieser Raum ist, erläutert das Zitat von Gerald Hüther und Inge Krens: „Während seiner ersten neun Monate lernt ein Kind vermutlich weitaus mehr als im Verlauf seines gesamten späteren Lebens. Und was es bereits vor seiner Geburt gelernt hat, ist offenbar ganz entscheidend dafür, was es später noch hinzulernen kann".

Hinweise zur Wahrheit dieser Aussage geben die inzwischen weithin bekannten Forschungen, dass Neugeborene nicht nur Musikstücke, sondern auch Stimmen wieder erkennen, die sie vor der Geburt gehört haben. Ebenso können Sie Ihre Muttersprache von einer anderen Sprache unterscheiden. Das führt zu der Schlussfolgerung: Je früher wir also einen guten Start ins Leben haben, desto besser sind unsere Voraussetzungen für ein gesundes Leben.

Dabei ist vielleicht folgendes zu berücksichtigen: Die wissenschaftliche Forschung zur lebensgeschichtlichen Bedeutung von Schwangerschaft und Geburt erfolgte überwiegend durch den Nachweis von negativen Folgewirkungen von Belastungen, weil diese sich deutlicher abzeichnen und durch Messung erfassbarer sind. Viel schwieriger sind positive Folgewirkungen guter vorgeburtlicher Erfahrungen wie Lebensfreude, Vitalität und Abenteuerlust nachzuweisen. Darum kann man die Passagen im Buch, wo es um die negativen Auswirkungen von vorgeburtlichen und geburtlichen Belastungen geht, so wichtig diese Aspekte sind, auch als ein entschiedenes Plädoyer für die elementare Bedeutung guter vorgeburtlicher und geburtlicher Erfahrungen nehmen. Es sollte ins gesellschaftliche Bewusstsein dringen, dass die Grundlagen für eine vitale Lebensfreude und Friedensfähigkeit vor der Geburt gelegt werden und die Grundlagen für die Fähigkeit, mit Veränderungen und Schwierigkeiten umgehen zu können, durch eine bestätigende Erfahrung bei der Geburt, unserer ersten Heldenreise, gelegt werden.

Eine solche erweiterte Sicht schafft auch die Aufmerksamkeit dafür, dass die psychologischen Aspekte von Schwangerschaft und Geburt heutzutage gegenüber den medizinischen Aspekten in der Regel vernachlässigt werden. In diesem Sinne kann Sarah Burgard feststellen: „Psychosoziale Risikofaktoren jedoch, welche einen mindestens gleichwertigen Einfluss ausmachen, werden in der gynäkologischen Praxis während der Schwangerschaft in ihrer Bedeutung nicht ausreichend beachtet und verlässlich erfasst." Darum ist eine Begleitung, Beratung und Unterstützung während der Schwangerschaft und Geburt so bedeutsam, um durch eine sorgfältige Gefühls- und Beziehungsarbeit die Grundvoraussetzung dafür zu schaffen, dass sich die werdenden Mütter (und Väter) mit ihrer Vergangenheit und Gegenwart auseinandersetzen und dadurch in ihre Zukunft schauen können. Dabei ist eine Sensibilisierung für die bereits entstandene Bindung zum ungeborenen Kind eine der wichtigen Aufgaben.

Geburtsvorbereitung ist, wie die Hebamme Angela Heller feststellt, auch deshalb so „notwendig, weil körperliche und geistige Voraussetzungen bei den meisten Frauen nicht genügend ausgebildet sind, wie sie gebraucht würden, um ein Kind ‚natürlich' zu gebären".

Ein Hintergrund hierfür ist, dass wir immer noch im Nachklang einer Geschichte stehen, in der die Männer als Macher und Krieger für die Gesellschaft wichtig waren. In den Friedensgesellschaften unserer Zeit sollte aber die Vorbereitung für einen guten Start und gute Lebensbedingungen für die nächste Generation im Mittelpunkt der gesellschaftlichen Aufgaben stehen. In diesem Sinne sollten also für eine gelingende Elternschaft, Mutter- und Vaterschaft, die gesellschaftlichen Ressourcen in ganz anderer Weise bereitgestellt werden als dies heute noch geschieht. Eine Bewusstheit für dieses Ziel in der Gesellschaft zu schaffen sehe ich auch als ein Anliegen des Buches von Sarah Burgard und wünsche ihm in diesem Sinne eine weite Verbreitung.

Ludwig Janus, Dossenheim bei Heidelberg im Sommer 2015

Einleitung

„Bindung ist das gefühlsgetragene Band,
das eine Person zu einer anderen
spezifischen Person anknüpft und das sie
über Raum und Zeit miteinander verbindet"
(John Bowlby)

Während der Schwangerschaft sind Mutter und Kind über die Nabelschnur miteinander verbunden. Diese Ver-Bindung versorgt das Ungeborene auf körperlicher Ebene. Bindung bedeutet aber noch viel mehr: Sie schafft Urvertrauen. Eine sichere Bindung ist wie ein Schlüssel zum Leben, denn nur so können die Ressourcen für eine gesunde Entwicklung wirklich und vollständig erschlossen werden. Bindung ist die emotionale Nahrung, ohne die wir nicht leben können.

Es setzt sich mehr und mehr ein Bewusstsein dafür durch, wie früh Bindung tatsächlich entsteht: nämlich nicht erst nach der Geburt des Kindes, sondern bereits viel früher, spätestens, wenn ein Kind gezeugt wird. Diese Erkenntnis wird zunehmend von Forschenden aus den Bereichen Biologie, Psychologie, Genetik, Neurologie und Medizin belegt.

Bindung als Überlebensstrategie funktioniert über Versorgung, Liebe, Empathie und Kontakt, sowohl von den werdenden Eltern zum Kind, als auch vom Ungeborenen zu den Eltern. In der Schwangerschaft kann sich deshalb eine beidseitige Kommunikation entwickeln. Die Qualität der Kommunikation kann mit einer erfahrenen Begleitung deutlich gefördert werden. So ist es der Schwangeren möglich, eine tiefe Beziehung zu ihrem Kind aufzunehmen, das Ungeborene fühlt sich damit von Anfang an wahrgenommen und geachtet. Diese Bindung schafft auf beiden Seiten eine psychische Sicherheit, weil die emotionale Stabilität der Mutter weniger Komplikationen während der Schwangerschaft zur Folge hat und das Baby ein starkes Selbstwertgefühl entwickeln kann und dadurch die Reifung und Funktionsweise seines Gehirns angeregt wird.

Eine Schwangerschaft ist ein aufregendes Ereignis, das viele Emotionen weckt und Fragen aufwirft, beispielsweise: Kann ich eine gute Mutter sein? Lernt ein Kind bereits im Mutterleib? Wenn ja, wie können wir dann von angeborenem Verhalten sprechen? Welche Rolle spielt die Vererbung? Welche Auswirkungen kann Stress während der Schwangerschaft auf die Mutter-Kind-Bindung haben? Welche Wahrnehmung hat ein ungeborenes Kind? Welche Erinnerungen und welche Form von Gedächtnis sind bereits vorhanden? Immer mehr junge Eltern sind verunsichert. Welche Rolle spielt diese Verunsicherung und woher kommt sie? Warum können immer weniger junge Eltern auf ihre elterliche Intuition vertrauen? Welchen Einfluss hat die Art der Entbindung auf die Mutter-Kind-Bindung und kann man die Art der Entbindung beeinflussen? Welche Arten von Bindung gibt es? Welche Konsequenzen haben diese Bindungsformen auf die weitere Entwicklung des Kindes? Hat das immer häufigere Auftreten des so genannten exzessiven Schreiens etwas mit einer Bindungsstörung zu tun? Welche Rolle spielen die Erfahrungen aus der eigenen Kindheit in Bezug auf die Elternkompetenz?

Ansätze der Antworten auf diese Fragen liefern vor allem die Forschungsergebnisse aus Bindungstheorie, Biologie und Pränatalpsychologie. Spannend ist die Frage, wer wen beeinflusst: die Biologie die Bindungsentwicklung oder die Bindung die biologische Entwicklung? Um dies besser zu verstehen, werden biologische Faktoren auf die Mutter-Kind-Bindung untersucht.

Vielfältige Einflüsse wirken sich auf die Mutter-Kind-Bindung während Schwangerschaft, Geburt und Säuglingszeit aus. War die Schwangerschaft erwünscht? Hat es Einfluss auf das Kind, wenn die Schwangerschaft nicht auf natürlichem Weg zustande kam? Hat auch die Psyche Auswirkungen auf die Mutter-Kind-Bindung? Wie kann die Mutter-Kind-Bindung während der Schwangerschaft gefördert werden, besonders dann, wenn die Schwangere sich belastet fühlt? Die Mutter-Kind-Bindungsanalyse, oder kurz Bindungsanalyse, ist eine Methode, die sich für jede Schwangere empfiehlt und viele Antworten auf diese Fragen geben kann. Sie ist eine Schwangerschaftsbegleitung. Schon während der Schwangerschaft wird die Mutter angeleitet mit ihrem ungeborenen Kind Kontakt herzustellen und eine tiefe Beziehung mit ihm einzugehen. Die Erfahrungen mit der Bindungsanalyse zeigen, dass diese über die Schwangerschaft hinaus positive Auswirkungen auf den Geburtsverlauf und die Entwicklung des Kindes hat.

Wo und wie wir geboren werden zieht nachhaltige Konsequenzen nach sich. Diese und insbesondere die Auswirkung von Geburtsängsten sind wichtige Aspekte, die in Bezug auf Bindung untersucht werden. Dabei spielt die Geburtsmedizin ebenso eine Rolle wie die Art der Entbindung. Wie wirken sich beispielsweise Kaiserschnitt und Frühgeburt auf die Bindung aus? Gibt es Zusammenhänge zwischen der Art der Geburt und dem Schreiverhalten von Babys? Welche unterschiedlichen Gründe gibt es, warum die Babys schreien?

Das Wissen über das Erleben in Schwangerschaft, Geburt und Kindheit hat sich in der Vergangenheit deutlich gewandelt. Dies betrifft insbesondere die frühe Kindheit. Mehr und mehr wird der Einfluss der frühen Erfahrungen auf die kindliche Entwicklung wertgeschätzt, genau so wie die Bedeutung der frühen Beziehungserfahrungen des „kompetenten Säuglings" mit seinen Eltern. Schon früh in der Schwangerschaft ist das Baby in der Lage mit seiner Umwelt auf erstaunlich differenzierte Weise zu interagieren.[1]

„Vieles, was die Forscher in den letzten Jahren herausgefunden haben, spricht dafür, dass wir den spannendsten und aufregendsten Teil dieser Reise bereits hinter uns haben, wenn wir auf die Welt kommen" (Hüther/Krens 2008, S. 13).

---

[1] Zum besseren Leseverständnis befindet sich im Anhang ein Abkürzungsverzeichnis, ein Glossar mit medizinischen Fachbegriffen. Ebenfalls im Anhang zu finden ist eine Liste empfehlenswerter Literatur und ein Literaturverzeichnis.

Grundlagen der Bindungstheorie

John Bowlby (1907-1990), britischer Kinderarzt und Psychoanalytiker, beschäftigte sich mit der Entstehung des Bindungsverhaltens, insbesondere in der frühen Kindheit und mit der Erklärung von Veränderungen von Bindungen im gesamten menschlichen Lebenslauf. Die Bindungstheorie gilt heute als eine der einflussreichsten psychologischen Theorien der Gegenwart. Bowlby erkannte, dass frühe reale Bindungserfahrungen eines Kindes seine psychische Entwicklung und damit auch seine seelische Gesundheit prägen. Mit Verweis auf die Verhaltensforschung im Tierreich war er der Meinung, der Mensch verfüge über biologisch angelegte Verhaltensweisen, welche ihn eine starke emotionale Bindung zu seiner Hauptbindungsperson entwickeln lassen. Sowohl das Neugeborene als auch dessen Mutter senden Signale und zeigen Verhaltensweisen, die über physische Nähe, spontane und prompte Bedürfnisbefriedigung und enge, feinfühlige Kommunikation zu einer Bindung führen, deren Bindungspersonen nicht austauschbar sind. Bindung ist demnach eine enge emotionale Beziehung zwischen zwei bestimmten Menschen. Fühlt sich ein Kind in Gefahr, geängstigt, empfindet Schmerz oder ist irritiert, so sucht es bei seiner Bindungsperson nach körperlicher Nähe und Schutz.

Die weiterführende Forschung Bowlbys befasst sich mit der Tragweite von Bindungen, mit der Nichtaustauschbarkeit von Bindungspersonen und den Folgen von Verlust und Trennung. Einflüsse von traumatischen Erfahrungen werden zunehmend mit Bindungsentwicklungen in Verbindung gebracht.

So wird in der Bindungstheorie untersucht, wie unterschiedliche Bindungsmuster und ihr Zusammenhang mit der Umgebungsumwelt entstehen. Die Bindungsmuster werden auch als Bindungsqualität oder Bindungsstil bezeichnet und ab dem Jugendalter auch als Bindungsrepräsentation. Die Bindungstheorie beschäftigt sich mit dem Einfluss des Fürsorgeverhaltens auf das Bindungsverhalten sowie die Auswirkungen auf die psychische Entwicklung des Kindes und bezieht dabei entwicklungspsychologisches, systemisches, psychoanalytisches und gisches, systemisches, psychoanalytisches und verhaltensbiologisches Wissen mit ein.

Im kulturübergreifenden wie auch im speziesübergreifenden Sinne ist das Bindungsverhalten spiegelbildlich in Kind und Mutter beziehungsweise Vater angelegt. Die kindliche Seite zeigt das Bindungsverhalten (attachment), womit der Drang gemeint ist, die körperliche Nähe von Mutter oder Vater zu suchen. Auf der elterlichen Seite steht dem das Fürsorgeverhalten, im englischen maternal behavior oder bonding genannt, gegenüber. Wenn sich diese auf Gegenseitigkeit basierende Bindungsbeziehung zwischen dem Kind und seiner Hauptbindungsperson entwickelt hat, kann das Kind diese Beziehung als Heimatbasis für seine Erkundung der Welt nutzen. Fühlt es sich sicher, so kann es von dieser Basis aus die Welt entdecken. In emotional geborgenen, sicheren Situationen wird daher das Erkundungsverhalten des Kindes geweckt. Hat es sich zu weit von der Bezugsperson entfernt oder bekommt es Angst, wird es wieder die Nähe der Bindungsperson suchen. Somit entsteht ein Entweder-oder-Prinzip von Bindungs- und Erkundungsverhalten, das sich stets eine Balance sucht. Das Konzept der Bindungs-Erkundungs-Balance kann mit dem Bild einer Wippe beschrieben werden: Ist das Bindungsverhaltenssystem aktiv, wird das Erkundungsverhalten unterdrückt und umgekehrt.

Welche verschiedenen Bindungsmuster gibt es?

Bowlbys Mitarbeiterin, die kanadische Entwicklungspsychologin Mary Ainsworth, entwickelte 1970 einen standardisierten Test, mit dem man die Bindungsmuster von Kindern im Alter zwischen zwölf und 18 Monaten messen kann, den so genannten „Fremde-Situations-Test". Ainsworth beobachtete dabei das Verhalten des Kleinkindes in Abwesenheit, in Anwesenheit, bei der Trennung und nach der Rückkehr der Bezugsperson. Aus den Beobachtungen, die sich aus dem Fremde-Situations-Test ergaben, lassen sich verschiedene Bindungsmuster ableiten: sicher gebunden (Typ B), unsicher-vermeidend (Typ A) und unsicher-ambivalent (Typ C). Später wurde die

Auflistung der Bindungsmuster um den desorganisierten Bindungstyp (Typ D) ergänzt. Inzwischen wurden neben dem Fremde-Situations-Test weitere Verfahren entwickelt, um die unterschiedlichen Bindungsmuster in jedem Lebensalter erfassen zu können.

Diese vier Bindungsmuster ziehen deutliche Unterschiede im alltäglichen Verhalten der Kinder in sozialen Situationen nach sich. Sicher gebundene Kinder wenden sich deutlich mehr an ihre Hauptbezugsperson als an fremde Personen: Sie zeigen ein eindeutiges Bindungsverhalten. Die oben beschriebene Heimatbasis für die kindliche Erkundung der Welt funktioniert bei ihnen in der Gegenseitigkeit von kindlichem und elterlichem Verhalten.

Anders zeigt sich dies bei unsicher gebundenen Kindern. Das unsicher-vermeidend gebundene Kind zeigt keine Fremden- und Trennungsangst und verhält sich neutral gegenüber der Hauptbezugsperson. Kinder, die unsicher-ambivalent gebunden sind, zeigen zur Hauptbezugsperson sowohl Bindungsverhalten als auch ein zurückweisendes Verhalten. Kinder des Bindungstyps D, also desorganisiert gebundene Kinder, zeigen bizarre, stereotype Verhaltensweisen; sie befinden sich in einem tranceähnlichen passiven Zustand. Dieser Bindungstyp wird auch als hoch-unsichere Bindung bezeichnet. Kinder mit dieser hoch-unsicheren Bindung haben oft ausgeprägt negative Interaktionserfahrungen. Die desorganisiserte Bindung wird auch als Vorstufe oder temporäre Zwischenform zur Bindungsstörung angesehen.

Die prozentuale Verteilung der Bindungstypen variiert in der Literatur, aber alle Autoren stimmen darin überein, dass über die Hälfte der Kinder zum sicheren Bindungsstil zählen. Die Bindungsqualität „sicher gebunden“ ist daher in unserer Gesellschaft die häufigste.

Wie entsteht ein Bindungsmuster?

Durch wiederholte typische Interaktionsmuster bilden Kinder Erwartungen hinsichtlich des Charakters dieser Interaktionen mit ihren Bindungspersonen aus. Diese

Erfahrungen werden zunehmend verinnerlicht und in ein Gesamtbild integriert. Gegen Ende des ersten Lebensjahres ist das Verhalten des Kindes zielgerichtet und beruht auf spezifischen Erwartungen. Seine früheren Erfahrungen mit der Bezugsperson werden zu Systemen zusammengefasst, die Bowlby als „innere Arbeitsmodelle“ bezeichnet. Innere Arbeitsmodelle sind also ein inneres Bild oder eine Vorstellung des Kindes von seinem eigenen und dem Verhalten der Bindungsperson sowie der damit verbundenen Gefühle in Bindungssituationen. Innere Arbeitsmodelle machen das Verhalten der Bezugsperson und des Kindes vorhersagbar und damit verlässlich.

Die inneren Arbeitsmodelle bilden somit eine Grundlage für das Kind zur Planung des eigenen Verhaltens. Für jede einzelne Bezugsperson wird ein eigenes Arbeitsmodell entwickelt. Die Modelle sind anfangs noch flexibel und entwickeln sich mit zunehmender Stabilität zu Bindungsmustern und ab dem Jugendalter spricht man von Bindungsrepräsentationen. Bindungsrepräsentationen sind teilweise bewusst, teilweise unbewusst und werden Teil der psychischen Struktur. Sind diese Bindungsrepräsentationen sicher und stabil, tragen sie zur psychischen Stabilität bei. Solche stabilen, sicheren Bindungsrepräsentationen sind daher als Schutzfaktor zu verstehen.

Warum brauchen wir eine sichere Bindung?

Eine sichere Bindung hat einen hohen Schutzfaktor für die kindliche Entwicklung. Demgegenüber stellt eine unsichere Bindung einen Risikofaktor für die gesunde psychische Entwicklung dar. Studien bestätigen, dass Kinder mit einer sicheren Bindung ein höheres Selbstwertgefühl und soziale Kompetenzen besitzen. In jedem Alter haben sicher Gebundene weniger soziale Probleme und sind beliebter. So verhalten sie sich im jungen Erwachsenenalter in Liebesbeziehungen weniger feindselig und können Konflikte besser lösen.

Dagegen ist zu beobachten, dass es bei unsicheren Bindungsmustern zu mehr Verhaltensauffälligkeiten kommt. Es kommt dann zu häufigeren psychischen und emotionalen Störungen. Die Kinder entwickeln mehr Gewaltpotenzial und weniger Autonomie. Das Bindungsmuster hat also Einfluss auf die Emotionsregulation, auf das

Konflikt- und Sozialverhalten, auf die kognitive Entwicklung, auf die Partnerwahl sowie die Qualität der Partnerbeziehung. Zudem konnten die Studien zeigen, dass das Bindungsverhalten in die nächste Generation weitergegeben wird.

Was beeinflusst die Entstehung von Bindung?

Die wichtigsten Einflussfaktoren sind Feinfühligkeit der Bezugsperson, die Weitergabe der Bindungsmuster sowie vorgeburtliche Bedingungen. Die Feinfühligkeit der primären Bindungsperson, meist der Mutter, ist ein guter Hinweis für das Bindungsverhalten der Kinder. Bindungsforscher beschreiben die mütterliche Feinfühligkeit als den wichtigsten Einflussfaktor bei der Entwicklung der Bindungstypen.

Anhand wesentlicher Merkmale wird mütterliche Feinfühligkeit definiert: Die Wahrnehmung der Signale des Säuglings, die zutreffende Interpretation seiner Äußerungen, die unmittelbare, prompte Reaktion darauf und die Angemessenheit der Reaktion. Werden die Bedürfnisse des Kindes gar nicht, nur unzureichend oder widersprüchlich beantwortet, entwickelt sich häufiger eine unsichere Bindung.

Der belgische Entwicklungspsychologe und Psychotherapeut Rien Verdult kritisiert, dass in der Bindungsforschung ein zu großes Augenmerk auf die bloßen beobachtbaren und damit vergleichsweise einfach messbaren Größen gelegt wird: „Bindungsforscher scheinen nur offen sichtbare Verhaltensweisen zu beobachten und nicht auf die tieferen psychologischen Prozesse zu schauen, die an der Entwicklung von Bindung beteiligt sind. Sie scheinen eine ahistorische Perspektive zu haben" (Verdult 2011, S. 63). Auf der Suche nach Faktoren, welche eine Bindung fördern, behindern oder unterbinden, wurden daher vermehrt psychologische, historische Faktoren gesucht. Dies sind Faktoren, die nicht direkt beobachtbar sind, sondern aus weiteren Informationen über das Umfeld, die Vorgeschichte und die Persönlichkeit der Eltern geschlossen werden können.

Neben der Feinfühligkeit von Eltern und Bezugspersonen konnte die Rolle der Familiengeschichte identifiziert werden, die auf die Bindungsmuster Einfluss nimmt, denn Bindungsmuster werden offensichtlich über die Generationen weitergegeben. Man spricht auch von der transgenerationalen Weitergabe. Diese Dynamik der Bindungsentwicklung beschreibt den Prozess, durch den eine frühere Generation psychologischen Einfluss auf die nächste ausübt, sei es bewusst oder unbewusst. Zudem haben unverarbeitete Traumata der Mütter einen erheblichen Einfluss auf die Bindungsqualität der Kinder.

Wurden Frauen im letzten Schwangerschaftsdrittel nach eigenen Beziehungserfahrungen in der Kindheit befragt, konnte mit 75%iger Treffsicherheit vorhergesagt werden, welche Bindungsqualität sich zwischen diesen Müttern und ihren Kindern entwickeln wird. Die Bewusstheit und Zugänglichkeit der Erfahrungen mit der eigenen Mutter ist für die Vorhersage von entscheidender Bedeutung. Weniger die Tatsache, dass es in der Vergangenheit gute oder schlechte Erfahrungen mit der eigenen Mutter gegeben hat, sondern der Umgang mit dieser Erinnerung ist wichtig. Je reflektierter eine Erinnerung ist, desto weniger wird sie als negative Beeinflussung in die nächste Generation weiter gegeben. Martin Dornes, ein deutscher Soziologe, Psychologe und Psychotherapeut, fasst dies zusammen: „Je abwehrender die Mütter im Interview auf Fragen nach ihren eigenen Beziehungserfahrungen reagierten, desto ungünstiger war die Prognose. Schlechte Erinnerungen allein, sofern sie bewußt und zugänglich sind, waren kein negativ prognostischer Faktor“ (Dornes 1996, S 206).

Um die Ursachen bestimmter elterlicher Verhaltensweisen zu verstehen, ist die Analyse ihrer bewussten und unbewussten Phantasien unerlässlich. Von einem ursächlichen Zusammenhang darf dann ausgegangen werden, wenn die Bewusstmachung der Phantasien eine Veränderung der Interaktion bewirkt. Das bedeutet, wenn den Eltern manche Phantasien bewusst wurden, die ihnen vorher unbewusst waren, konnte häufig eine Veränderung im Umgang mit den Kindern festgestellt werden.

Langzeitstudien haben gezeigt, dass unbewusste Konflikte der Eltern Auswirkungen auf den Bereich der Mikroverhaltensweisen haben. Das sind kleinste Verhaltensweisen, die sich beispielsweise in der Mimik, im Tonfall oder in der Körperspannung zeigen. Die Mikroverhaltensweisen sind zum Beispiel bei der Fütterung oder in alltäglichen Interaktionen zu beobachten. Die Beständigkeit der Übertragung elterlicher Konflikte und auch die Anpassung des Kindes daran konnten in Langzeitstudien verdeutlicht werden.

Unter den zwanzig untersuchten Familien war beispielsweise eine Familie, die ihre Kinder äußerst leistungsorientiert und zur Selbstständigkeit erziehen wollte. Die Mutter wurde selbst sehr leistungsorientiert erzogen und ist damit beruflich auch erfolgreich geworden. Tests deckten jedoch abgewehrte Sehnsüchte aus den eigenen Kindertagen und depressive Verlassenheitsgefühle auf, was sich dann in der Mutter-Kind-Interaktion widerspiegelte. In der Folge wurde ihr Kind sehr ängstlich und zeigte unterdurchschnittliche Schulnoten. Diese Fallvignette interpretiert Dornes folgendermaßen: „Die unbewusste Angst der Mutter vor Abhängigkeit und Nähe ist über ihren Interaktionsstil dem Kind mitgeteilt worden. Durch die Abwehr von Nähe, die die Mutter braucht, unterminiert sie beim Kind die Ressourcen an Urvertrauen, die es benötigen würde, um ohne Angst selbständig zu werden. Bei der Mutter gibt es Selbständigkeit ohne Urvertrauen. Sie ist eines von acht Kindern und wurde von ihren ehrgeizigen Eltern durch Schule und College gepeitscht. Heute ist sie eine erfolgreiche Geschäftsfrau. Das bei ihren Eltern und ihr Verdrängte kehrt erst in der dritten Generation bei ihrem Sohn offen wieder“ (Dornes 1996, S. 215).

Die bestehenden Konflikte sind unbewusst, können daher nicht in Sprache umgesetzt und somit gelöst werden. Folglich werden sie über Übertragungen und kleine, unbewusste Handlungen transportiert und ausagiert.

Die Übertragung von Ängsten und Gefühlen auf das Kind sind umso größer, je unbewusster die Konflikte sind. Die Eltern interagieren dann nicht mehr mit dem realen Kind , sondern mehr und mehr mit dem aus eigenen Gefühlen übertragenen, der Phantasie entsprungenen Kind. Wenngleich die Eltern sich möglicherweise redlich mühen, sie sind in diesem Zustand der Interaktion nicht zur echten Empathie imstande. Das Ergebnis ist stets eine Pseudoempathie. Im Falle der Pseudoempathie fühlt sich die Mutter nicht in ihr reales Kind ein, sondern in ihre eigenen unbewussten

Ängste, die sie auf das Kind übertragen hat. Dies steht im Gegensatz zur echten Empathie, bei der sich die Mutter in das Kind versetzt. Ist sie frei von übertragenen Gefühlen und Phantasien, so ermöglicht ihr dies ein vergleichsweise realitätsgerechtes Erkennen und Verstehen der kindlichen Signale. Dies ist bei der Pseudoempathie freilich nicht möglich. Zudem ist die Interaktion wechselseitig zu verstehen. Die Mutter deutet die kindlichen Signale nicht nur fehl, sie interpretiert sie um und signalisiert dem Kind damit die eigenen Gefühle.

Schon vor der Geburt entsteht eine Beziehung zwischen der Schwangeren und ihrem ungeborenen Kind. Die *pränatale*[2] Beziehung des Kindes zu seiner Mutter, also die Beziehung schon während der Schwangerschaft, ist die erste Bindungserfahrung. Diese erste Beziehung hat eine biologische Grundlage, da das Kind im Organismus der Mutter lebt. Dies ermöglicht dem Kind, seine erste Bindungsperson, von der sein Überleben abhängt, schon vor der Geburt kennen zu lernen. Die traditionelle Bindungstheorie beschränkt sich auf beobachtbare Interaktionen nach der Geburt. Obwohl die klassische Bindungstheorie sich schwer tut, von einer unbewusst und physiologisch vermittelten vorgeburtlichen Beziehungserfahrung auszugehen, wagen sich immer mehr Wissenschaftler an die Erforschung der pränatalen Bindung.

Wann ist eine Bindung gestört?

Im Sinne der Bindungsdiagnostik wird der desorganisierte Typ nicht als pathologisch beziehungsweise krankhaft eingestuft. Er ist vielmehr als ein Übergangszustand zu sehen. Der desorganisierte Typ kann auf temporäre Defizite hinweisen, welche durch die kindlichen Selbstheilungskräfte in eine funktionale, jedoch meist unsichere, Bindungsrepräsentation zurückgeführt werden. In jedem Fall ist das Auftreten des Typs D als Risikofaktor zu sehen. Je länger sein Zustand anhält, desto wahrscheinlicher wird sich eine Bindungsstörung ausbilden, welche als psychische Störung

---

[2] Begriffe, die sich im Glossar befinden, sind bei ihrer ersten Erwähnung kursiv markiert.

angesehen wird. Kinder mit Bindungsstörungen zeigen eine Vermischung aus vermeidendem und desorganisiertem Verhalten. Dieses Verhalten kann in den gleichen Situationen immer anders aussehen. Es scheint also, ähnlich dem desorganisierten Typ, spontan und eher zufällig aufzutreten.

In der diagnostischen Typologie ist es wichtig zu erkennen, dass das von Kindern gezeigte Bindungsverhalten ein stabiles Muster ist, also im Gegensatz zum Typ D keinen temporären Übergangszustand darstellt, sondern ein Zeit und Situationen überdauerndes reaktives Verhalten vorherrscht. Für die Diagnosestellung sollte ein Beobachtungszeitraum über sechs Monaten bestehen. Zusätzlich sollten noch Merkmale der Eltern oder Merkmale der Bindungsgeschichte dazu kommen.

Von Bedeutung ist auch der Zeitpunkt der Entstehung von Bindungsstörungen: Es gib bereits Bindungsstörungen vor der Befruchtung, Bindungsstörungen in der Schwangerschaft, Bindungsstörungen nach der Geburt, Bindungsstörungen im Kleinkindalter, Bindungsstörungen im Schulalter, Bindungsstörungen in der Jugend und Bindungsstörungen im Erwachsenenalter. Jede Störung erfordert entsprechend angepasste Hilfestellungen.

Menschen und Tiere reagieren auf eine Bedrohung mit einem angeborenen Alarmsystem. Es wird *Adrenalin* ausgeschüttet, welches das Herz-Kreislaufsystem aktiviert, die Atmung verstärkt sich, so wird der ganze Organismus auf Kampf oder Flucht vorbereitet. Kann keine Hilfe geholt werden und ist weder Kampf noch Flucht möglich, wird der so genannte „Totstellreflex“ aktiviert.

„Trauma“ ist das griechische Wort für „Wunde“. Im psychologischen Gebrauch wird das Wort „Trauma“ für eine seelische Verletzung gebraucht, eine starke psychische Erschütterung, die durch ein traumatisches Ereignis hervorgerufen wird. Betroffene erleben in einer Situation eine existenzbedrohende Angst, der sie nicht entfliehen können, gegen die sie nicht kämpfen können und der sie sich alleine stellen müssen. Menschen, die ein schweres Trauma erlebt haben, können äußerlich ganz

„normal" sein. Man spricht hier von der „anscheinend normalen Persönlichkeit". Traumatisierte Menschen können durch bestimmte Auslöser an das zurückliegende Trauma erinnert werden. Dies kann zum Beispiel durch Geräusche, Gerüche oder Bilder, so genannte Trigger, geschehen. Dann werden die verdrängten und vergessenen Erinnerungen wieder zum Vorschein gebracht, das Trauma wird reaktiviert. Die Betroffenen leiden unter Panikattacken, fühlen sich permanent bedroht und werden von alten Gefühlen überflutet. Die Schutzmechanismen Kampf oder Flucht sind nicht möglich, insofern ist ein Trauma ein Nahtod-Erlebnis, vorherrschend ist die Angst.

Frühkindliche Traumata der Eltern, welche mit Vernachlässigung, Gewalterfahrungen oder Misshandlungen einhergehen, lösen oft schwere Interaktionsstörungen zwischen Eltern und Kindern aus. Eltern, die derartige Traumata erleben mussten, sind oft nicht in den Lage, adäquat auf die Signale des Säuglings einzugehen. Sie werden zum Beispiel durch das Schreien des Kindes angetriggert und führen unpassende oder ritualartige Wiederholungen von Handlungen aus. Dem Säugling wird dabei signalisiert, dass seine Hinweise nicht nur unangemessen aufgenommen, sondern teilweise als feindselig interpretiert oder auch mit nicht vorhersehbaren Reaktionen bedacht werden. Derartige Mutter-Kind-Interaktionen führen oft zum Bindungstyp D. Es gibt einen Zusammenhang zwischen desorganisierten Bindungsmustern bei Kindern und ungelösten Traumata ihrer Eltern. Traumatisierte Eltern agieren in der Psychopathologie auch dann, wenn ihnen sowohl Entstehung als auch Auswirkungen der traumatischen Handlungen, der Trigger und die eigenen Reaktionen bewusst sind: „Die Psychoanalyse kann diese Befunde noch präzisieren. Fraiberg et al. (1975) schildern eindrucksvoll eine Reihe von Müttern, bei denen selbst die volle Bewußtheit traumatischer Vernachlässigung den Wiederholungszwang nicht bricht: solange die dazugehörigen Affekte nicht ebenfalls erlebt werden, bleiben sie abgespalten und werden trotz der Bewußtheit der traumatischen Erfahrung in der Beziehung zum Kind agiert. Erst ihre Integration ins Erleben ermöglicht eine Veränderung des Interaktionsverhaltens" (Dornes 1996, S. 207).

Wird das Bindungsverhalten des Kindes als feindselig erlebt und entsprechend mit Misshandlung, Liebesentzug oder Vernachlässigung reagiert, so kann es geschehen, dass die traumatischen Erlebnisse der Mutter an das Kind weitergegeben werden (transgenerationale Weitergabe). Dann besteht die Gefahr der Psychopathologie zur Bindungsstörung. Diese besteht auch dann weiter, wenn die Kinder aus dem Umfeld heraus in ein positives soziales Umfeld kommen. Erst wenn die Traumatisierung integriert werden konnte, ist es möglich, auf positive Bindungsangebote etwa der Pflegeeltern einzugehen. Wenn Eltern ihre eigenen Traumata nicht integrieren konnten, kann es ihnen nicht gelingen, eine sichere Bindung zu ihrem Kind aufzubauen.

Hält ein Bindungsmuster ein Leben lang?

Zur Stabilität und Beständigkeit der Bindungsmuster und -repräsentationen existieren unterschiedliche Untersuchungsergebnisse, welche sich jedoch nur auf den ersten Blick widersprechen. Unter den Untersuchungen zu der Frage, ob sich die Bindungsqualität vom ersten Lebensjahr bis ins Erwachsenenalter verändert, finden sich wissenschaftliche Befunde sowohl zur Beständigkeit als auch zur Unbeständigkeit individueller Unterschiede.

Die flexiblen inneren Arbeitsmodelle sind durch neue Interaktionserfahrungen beeinflussbar. Je einprägsamer diese Erfahrungen, desto weitreichender können ihre Wirkungen sein, vor allem, wenn Veränderungen oder neuartige Erfahrungen verschiedene Lebensbereiche betreffen. Die Bindungsqualität scheint jedoch in der Regel eine hohe Stabilität zu haben: Eine Studie beschreibt in 80% der Fälle eine Übereinstimmung zwischen der Bindungsklassifikation mit 12 Monaten und dem bindungsrelevanten Verhalten mit sechs Jahren. Das heißt, obwohl das Bindungsmuster äußerst stabil ist, bleibt ein Veränderungspotential erhalten, so dass das Bindungsmuster lebenslang für schädliche oder günstige Einflüsse offen bleibt.

Wie entwickelt sich die Bindungsforschung?

Die Schwerpunkte der neueren Bindungsforschung haben sich verlagert. Auf fachübergreifender Ebene öffnet sich das Interesse der wissenschaftlichen Bindungsforschung zunehmend für die Erkenntnisse der neuro- und psychobiologischen Frühentwicklungsforschung und der psychoanalytischen Objektbeziehungstheorien. Auch weitet sich der Blickwinkel in Bezug auf transgenerationale Weitergabe von Bindungsmustern. Klinisch relevante, transgenerationale Zusammenhänge zwischen elterlicher Bindungsrepräsentation und Bindungsqualität werden zunehmend entschlüsselt und Risikopopulationen und klinische Stichproben werden häufig miteinbezogen.

Die Bindungsforschung widmet sich derzeit besonders intensiv der evolutionären Anthropologie, der beobachtenden Säuglings- und Kleinkindforschung und der Hirnforschung. Ursprünglich lag der Fokus der Bindungsforschung auf der Untersuchung der frühen Kindheit. Der Blickwinkel hat sich geweitet, die Aufmerksamkeit hat sich auf das Konzept der Beziehungsentwicklung über die Lebensspanne verlagert. Neben Müttern werden jetzt auch Väter, Großeltern und vor allem Erzieherinnen als Bezugspersonen in ihrer Bedeutung für die Bindungsqualität mit einbezogen. Nicht zuletzt ist die Entwicklung der Bindungsbeziehung schon während der Schwangerschaft ein spannendes Thema, das mehr und mehr von Bindungsforschern untersucht wird.

Biologische Einflüsse auf die Mutter-Kind-Bindung

Was hat Neurobiologie mit Bindung zu tun?

Schon Bowlby war überzeugt davon, dass Bindungserfahrungen im *limbischen System* verarbeitet werden. Das limbische System ist ein zentral angeordneter Teil des Gehirns und vor allem für Gefühle verantwortlich. Bowlbys Bindungstheorie ist gut geeignet, um den Aufbau von gesunden Bindungsbeziehungen zu erklären und zu beschreiben. Gleichzeitig kann aber auch die Entwicklung von Bindungsstörungen diagnostiziert werden. Die Bindungstheorie ist seit ihrer Entstehung zu einem der wichtigsten Forschungsgebiete der emotionalen Entwicklung in der Entwicklungspsychologie geworden. Sie stellt derzeit die erfolgreichste Integration von psychodynamischem Denken und biologischer Wissenschaft dar. Die Integration von Neurowissenschaft und Bindungstheorie führen zu einem tieferen Verständnis der Bewusstsein-Körper-Verbindung. Diese Wissenschaften nähern sich einander an, um gemeinsam aussagekräftige Konzepte zur Selbstentwicklung und zum Selbstbewusstsein zu erstellen.

Die vorgeburtlich angelegte neuronale Vernetzung stellt den Grundstock für die im weiteren sich bildenden Bindungen. Die pränatalen synaptischen Verbindungen zwischen den Gehirnregionen sind die regulierenden Prozesse für spätere Bindungsmuster. Eine *Synapse* ist die Verbindung zwischen Nervenzellen. Hierüber können die Nervenzellen miteinander kommunizieren und Botenstoffe austauschen. Pränatale Bindung formt die neuronalen Verbindungen zwischen dem Angstsystem und dem Bindungssystem. Auf körperlicher Ebene erfahrene Emotionen können durch den Kontakt mit wichtigen Bezugspersonen Ausdruck und Sinnhaftigkeit erhalten. Die Grundlagen für das innere Arbeitsmodell von Bindung werden gelegt durch die vorgeburtlichen Interaktionen mit dem Körper und der Psyche der Mutter.

Menschliche Zellen können mit der Umwelt kommunizieren. Sie können Veränderungen im sie umgebenden Milieu wahrnehmen. So entstehen Kommunikations- und Beziehungsmuster zwischen den Zellen. Bereits im *Embryo*nalstadium findet eine solche Kommunikation statt, weshalb schon sehr früh erste Zellnetzwerke gebildet werden. Vor allem das sich entwickelnde Gehirn ist stark von den vorherrschenden Bedingungen beeinflussbar. Abweichungen der *intrauterinen* Versorgung des Embryos, also der Versorgung innerhalb der Gebärmutter, können zu nachhaltigen Veränderungen führen, dabei werden beispielsweise Störungen der Nervenzellen in einer Reaktionskette an weitere Nervenzellen weitergegeben, bis sie beispielsweise auf eine Muskelzelle oder eine Hormonzelle treffen. Damit bewirken sie eine Bewegung durch Zusammenzucken eines Muskels oder eine Hormonausschüttung, um auf die Störung zu reagieren. So interagiert das Ungeborene bereits mit der Umwelt und seine Entwicklung wird von den intrauterinen Bedingungen beeinflusst.

Alles, was ein Neugeborenes bereits kann und scheinbar automatisch mit auf die Welt bringt, hat es also im Bauch der Mutter bereits erfahren, kennen gelernt und in der einen oder anderen Weise geübt. Das gilt für die Bewegungskoordination, für die Gleichgewichtsregulation, für die Atmung, für einfache Greifreflexe, aber auch für sehr gezielte Handlungen wie beispielsweise das Daumenlutschen.

Das Gehirn bildet zunächst einen Überschuss an Vernetzungen und synaptischen Verbindungen, welche nur bestehen bleiben, wenn sie auch häufig genutzt werden. Dieser Prozess ist zum Zeitpunkt der Geburt bei den älteren Teilen des Gehirns, dem Hirnstamm, dem *Thalamus* und dem *Hypothalamus*, bereits abgeschlossen. Diese Hirnregionen sind für all das zuständig, was der Säugling zum Überleben braucht, wie zum Beispiel Reflexe, Regulation von Atmung und Kreislauf sowie weitere Körperfunktionen. Die jüngeren Hirnregionen, das limbische System und der *Kortex* reifen auch nach der Geburt weiter aus, zum Teil bis zur Pubertät. Ist die vorgeburtliche Hirnentwicklung gestört, wird folglich die gesamte weitere Entwicklung beeinträchtigt.

Rien Verdult sieht in der vorgeburtlichen Entwicklung gar die notwendige Grundvoraussetzung für eine gelingende kognitive Entwicklung im Lebenslauf: „Die Entwicklung von geistigen Fähigkeiten, kompetentem Verhalten und angemessener *Affektregulation* hängt von einer guten Gehirnentwicklung während des pränatalen Lebens ab“ (Verdult 2011, S. 54). Letztlich belegt dies die Annahmen vieler Wissenschaftler, das Gehirn als nutzungsabhängiges Organ zu sehen, welches sich mit Erfahrungen entwickelt. Die Struktur des entstehenden Gehirns ist eine Widerspiegelung der gelebten Erfahrung. „Use it or lose it“ gelten in der Neurowissenschaft als geflügelte Worte. Neuronale Schaltkreise müssen demnach genutzt werden, um in Funktion zu bleiben. Ansonsten werden die Netzwerke und auch die Neuronen selbst abgebaut und sterben ab.

Viele Studien belegen inzwischen den enormen Einfluss unterschiedlicher Umweltbedingungen auf die prä- und *postnatale* Entwicklung. Eine beeindruckende Studie wurde nach der so genannten Cross-Fostering-Technik durchgeführt, welche die Wechselwirkung zwischen genetischer Anlage und prä- und postnatalen Einflüssen untersucht, indem die Jungen von unterschiedlichen Rattenmüttern unmittelbar nach der Geburt vertauscht wurden. Die Rattenmütter waren entweder kompetent oder inkompetent in der Aufzucht ihrer Jungen. Die bei kompetenten (Adoptiv-) Müttern aufgewachsenen Jungen entwickelten später ebenfalls diese Kompetenz, währen dies die Jungen, die bei inkompetenten Müttern aufwuchsen, nicht konnten. Diese komplexe Fähigkeit der Aufzuchtssorgfalt ist folglich erlerntes Verhalten und nicht durch genetische Anlagen bestimmt.

Um die Bedeutung der intrauterinen Bedingungen zu erforschen, wählte man in einer weiteren Studie Mäuse aus zwei Inzuchtstämmen mit unterschiedlichen Verhaltensmerkmalen und tauschte deren Embryonen unmittelbar nach der Befruchtung durch Embryonentransfer aus. Die Jungen zeigten nach dem Austragen und Aufwachsen das Verhalten der (Leih-)Mutter, die sie ausgetragen hatte, nicht das Verhalten der biologischen Mutter. Das bedeutet, dass das scheinbar genetisch bedingte

Verhalten eines Mäusestammes in Wahrheit durch intrauterine Erfahrungen bestimmt wird.

Was angeboren ist, ist also keineswegs damit auch automatisch genetisch angelegt. Nach diesen Studien sind die durch Zwillingsforschung gewonnenen Erkenntnisse über genetische Determiniertheit bestimmter Verhaltens- und Persönlichkeitsmerkmale zu hinterfragen, denn mit diesem Verfahren kann nicht unterschieden werden zwischen genetisch bedingten oder intrauterin erworbenen Merkmalen, zumal man aus Tierstudien weiß, dass beispielsweise auch die Position der Embryonen im *Uterus* einen Einfluss auf die Entwicklung hat. Obwohl Zwillinge vieles gemeinsam haben – sie wachsen zur gleichen Zeit in der gleichen Gebärmutter heran, sie bekommen die gleichen biochemischen Botenstoffe der Mutter, die akustischen Reize sind gleichfalls die gleichen – können sie sich sehr unterschiedlich entwickeln.

Aus neurobiologischer Sicht haben frühe emotionale Erfahrungen mit vertrauten Bezugspersonen einen nachhaltigen Einfluss auf den Strukturaufbau des Gehirns. Die frühen sozioemotionalen Erfahrungen werden in die biologische Struktur eingeprägt, die während des frühen Wachstumsschubs reift, und weisen daher langfristige Effekte auf. Hier spricht man von Prägung, da dieser Vorgang nur begrenzt rückgängig zu machen ist.

Das limbische System hat eine große Bedeutung für das psychische Funktionieren des Menschen. Bereits in den ersten Wochen der Embryonalentwicklung beginnt die Ausbildung der Persönlichkeit. Zunächst geschieht dies durch das Entstehen der limbischen Strukturen, welche die Grundausrüstung für unser Gefühlsleben hervorbringen. Schwangerschaft und Geburt sowie die Erlebnisse der ersten Stunden, Tage, Wochen und Monate danach, wirken als Umweltreize somit zutiefst auf das Grundgerüst unserer Persönlichkeit.

Während des Aufbaus der Mutter-Kind-Bindung ist das Gehirnsystem im präfrontalen Kortex (Frontalhirn) und der limbischen Region von großer Bedeutung. Das limbische System ist stammesgeschichtlich ein etwas älteres Areal. Hier werden insbesondere Emotionen erzeugt, sortiert und Reize mit emotionalen Färbungen versehen. Die Hauptaufgaben des Frontalhirns hingegen bestehen darin, zukunftsorientierte Handlungskonzepte und innere Orientierungen zu entwickeln. Es ist diejenige Hirnregion, in der wir uns am deutlichsten von allen Tieren unterscheiden. Es ist auch diejenige Hirnregion, die am stärksten beeinflussbar ist.

Das kindliche Gehirn ist besonders empfindlich für negative Einflüsse, da es noch sehr formbar ist. Der Strukturaufbau des Gehirns kann beeinträchtigt werden, beispielsweise durch Stress nach einem Trennungserlebniss oder einem Mangel an mütterlicher Zuwendung. Stresshormone wie *Cortisol* können langfristig das Volumen des *Hippocampus* verringern und zu Fehlfunktionen in der Synapsenbildung führen. Bei Studien mit rumänischen Heimkindern konnte diese nachhaltige Schädigung gezeigt werden. Zwar konnten sie nach einer Adoption Entwicklungsrückstände aufholen, wiesen aber auch weiterhin meist kognitive Defizite und Bindungsstörungen auf. Im bildgebenden Verfahren EEG ließen sich bei diesen Kindern abnorme Hirnfunktionen nachweisen. Weitere Untersuchungen konnten einen direkten Zusammenhang feststellen zwischen einer desorganisierten Bindung und einer Aufmerksamkeitsstörung und/oder Hyperaktivitätsstörung (ADHS). Der hirnphysiologische Mechanismus des Lernens ist beeinträchtigt, wenn das kindliche Gehirn durch Unruhe wie Stress gestört wird. Die Sinneserfahrungen können nicht mit den bereits neuronal repräsentierten Erfahrungen in Verbindung gebracht werden.

Ist es nicht möglich, Beziehungserfahrungen zu machen, werden die für die Stressregulation zuständigen Hirnzentren nicht typisch vernetzt. Daraus kann die Schlussfolgerung gezogen werden, dass sichere Bindungserfahrungen eine Voraussetzung für eine leistungsfähige neuronale Vernetzung bilden. Folglich ist eine sichere Bindung von entscheidender Bedeutung für die Entwicklung und Funktionsweise des Gehirns. Verdult geht davon aus, dass die emotionale Bindung die wichtigere Erfahrung ist, wichtiger noch als die sensorische Stimulation. Er sieht einen direkten Zusammenhang zwischen positiver emotionaler Zuwendung und neuronaler Vernetzung. „Ein geliebtes Gehirn ist ein besser programmiertes Gehirn“ (Verdult 2011, S.78). Für die Entstehung einer sicheren Bindung benötigt das Kind also Anerkennung und Liebe. Alle negativen Erfahrungen der Mutter, auch negative oder hadernde Emotionen dem Kind gegenüber, sieht Verdult als entwicklungshemmend und dem Kind im Bindungsaufbau schadend. Das lebenslange Bedürfnis nach Anerkennung und positiven Gefühlen ist also auch und gerade vorgeburtlich für die emotionale wie auch neuronale Entwicklung notwendig.

Durch Tierexperimente an Mäusen ist bekannt, dass bereits eine wiederholte stundenweise Trennung von den Eltern in den ersten drei Lebenswochen Auswirkungen auf die synaptischen Verschaltungen des Gehirns hat. Diese frühe durch Stress erzeugte Synapsenveränderung ist kaum umkehrbar. Unter anderem hängt dies damit zusammen, dass in der Gehirnentwicklung frühe Zeitfenster existieren, in denen das Gehirn besonders verletzlich ist. Das sind besondere Stadien, in denen bestimmte Erfahrungen einen großen Einfluss haben (sensible Phase), oder in denen eine bestimmte Erfahrung gemacht werden muss, da die dazugehörige Verknüpfung sonst nicht vollzogen werden kann (kritische Phase).

Diese Sachverhalte machen deutlich, dass eine unterbrochene, verminderte oder fehlende Eltern-Kind-Bindung Störungen in der Entwicklung des kindlichen Gehirns hervorruft. Diese Störungen sind nachhaltig. Es kann zu Einschränkungen in der Lernfähigkeit, der Emotionalität und der Belohnungsfähigkeit kommen. Die Hirnforschung belegt damit, wie bedeutsam eine möglichst störungsfreie Eltern-Kind-Bindung für die positive Entwicklung des kindlichen Gehirns ist. Die elterliche Fürsorge für ein Kind in den ersten Lebensjahren ist daher ein wichtiger Einflussfaktor zur Reifung des limbischen Systems und damit von entscheidender Bedeutung für eine spätere seelische Gesundheit. Positive Erfahrungen und Interaktionen mit der Umwelt können freilich positive Effekte erzeugen. Ein Kind mit einer sicheren Bindung entwickelt die neuronalen Pfade für Belastbarkeit, Selbstwert, grundlegendes Vertrauen und die Fähigkeit, die eigenen Emotionen zu beeinflussen und zu kontrollieren. Der Schutzfaktor, welcher durch eine sichere Bindung besteht, ist demnach neuronal verankert und entsprechend nachzuweisen. Darin sieht Verdult gar die grundlegende Aufgabe der Bindung: „Eine essentielle Funktion von Bindung besteht also in der Stimulation der Synchronizität oder Regulation der biologischen und psychologischen Systeme auf der Ebene des Organismus" (Verdult 2011, S.60). Dies schlägt sich auch in der wissenschaftlichen Forschung nieder. Deshalb ist die Bindungstheorie als Triebfeder vieler weiterer Forschungen zu sehen.

Das Bestreben nach angemessener Entwicklung, Reifung und Regulation auf neuronaler Ebene spiegelt sich also auf der Bindungsebene wider. Die grundsätzliche, biologische Bestrebung von Neugeborenen, die Nähe der Mutter zu suchen, hat pränatale Wurzeln. Die Grundsteine zur sicheren Bindung werden folglich schon sehr früh im Mutterleib gelegt, um dann nach der Geburt weitergeführt zu werden. So sind pränatale Erfahrungen, neuronale Strukturen und das Bindungssystem in ursächlicher Folge aufeinander aufbauend.

Eine weitere Forschungsrichtung der Neurowissenschaften bezieht die Erkenntnisse über die *Spiegelneuronen* mit ein. Ursprünglich wurden diese zunächst bei Affen entdeckt. Es wurde die gleiche Aktivität der Spiegelneuronen festgestellt, wenn Affen eine bestimmte Handlung durchführen und wenn sie diese Handlung bei anderen Affen nur beobachten. Die Spiegelneuronen repräsentieren eine Bewegung unabhängig davon, ob sie wahrgenommen oder selbst ausgeführt wird. Auch beim Menschen konnten Spiegelneurone nachgewiesenen werden. Somit ist es Menschen nicht nur möglich, gesehene Bewegungen nachzuahmen, sondern auch Emotionen anderer nachzuempfinden. Das Wahrnehmen einer Aktion oder Emotion ist also gleichwertig mit der inneren Simulation durch die Spiegelneuronen. So entsteht eine neuronale Basis der Intuition und Empathie. Spontanes Verstehen zwischen Menschen wäre ohne Spiegelneuronen unmöglich und das, was wir Vertrauen nennen, undenkbar. Damit sind die Spiegelneuronen die Brücke zwischen Neurologie und Bindungsentwicklung. In den Spiegelneuronen liegen die Ursprünge von Empathie und feinfühligem Verhalten. Spiegelneuronen stellen die neurobiologische Entsprechung für die intuitive Wahrnehmung anderer Menschen dar. Die neurowissenschaftliche Forschung zur Funktion der Spiegelneuronen hat einen wesentlichen Beitrag zum besseren Verständnis derjenigen Mechanismen geleistet, die zwischenmenschlichen Prozessen zugrunde liegen, aus denen Bindung entsteht.

Hier sind wohl noch weiterreichende, auch für die Bindungstheorie relevante, Erkenntnisse zu erwarten. Dies gilt insbesondere für die Forschung um das pränatale Kind. Der Stand der Forschung lässt vermuten, dass die Spiegelneuronen schon pränatal aktiv sind. Letztlich sind wohl alle neuronalen Prägungs- und Entwicklungsprinzipien schon pränatal wirksam. Das gilt eben auch für die emotionalen Bindungsstrukturen.

Welche Rolle spielen Genetik und Epigenetik?

Erst im Juni 2000 wurde offiziell gefeiert, dass das menschliche *Genom*, also die Gesamtheit der menschlichen Gene, entschlüsselt werden konnte. Zunächst ging man davon aus, dass der Mensch über 100.000 Gene besitzt, was auf einer reinen Schätzung aufgrund der Masse des vorhandenen DNS-Materials basierte. Doch nicht alle Abschnitte der DNS beinhalten einen sinnvollen Gentext, weshalb man heute davon ausgeht, dass das menschliche Genom 22.000 Gene aufweist. Die Forschungen diesbezüglich sind noch nicht abgeschlossen. Beim Analysieren des reinen Genoms treffen die Forscher immer wieder auf Überraschungen. So gleicht etwa das Erbgut des Menschen dem eines Schimpansen zu 98,7%. Seit etwa einhunderttausend Jahren hat sich zudem in der menschlichen Spezies kaum etwas Entscheidendes an den genetischen Anlagen verändert. Dennoch ist seither die Komplexität der menschlichen Spezies, ihre Interaktions- und Sozialstruktur deutlich gestiegen. Auch sind die Unterschiede zwischen Mensch und Schimpanse kaum mit der 1,3%igen genetischen Verschiedenheit zu erklären. Es muss also eine zusätzliche Größe geben, welche das reine Genom weiter zu differenzieren vermag. Hier kommt die *Epigenetik* ins Spiel. „Epigenetiker erforschen nicht die Abfolge der Bausteine entlang der DNS, auf die sich Genetiker im Humangenomprojekt konzentriert haben. Vielmehr wollen sie wissen, welche Faktoren die rund 25 000 Gene des Erbstrangs bei der Entwicklung von der Keimzelle bis zum erwachsenen Organismus steuern, ohne selbst ein Gen zu sein" (Schwägerl 2007, S. 152).

Welche Gensequenzen verstärkt oder vermindert abgeschrieben werden, wird beeinflusst von epigenetischen Faktoren, also davon, welche Bedingungen zu jenem Zeitpunkt der Entwicklung gerade vorliegen. Auch wenn nur wenige genetische Unterschiede festzustellen sind, können epigenetische Unterschiede sehr groß sein und damit einen erheblichen Ausschlag geben. Man kann es vergleichen mit der genetischen Hardware, welche von der epigenetischen Software gelesen, dekodiert und aktiviert wird. Per biologischer Definition beschäftigt sich die Epigenetik mit all jenen molekularbiologischen Informationen, die Zellen speichern und an ihre Tochterzellen weitergeben, die aber nicht im Erbgut enthalten sind. Es handelt sich also um zusätzliche Informationen, welche weitergegeben werden und somit aktiv bleiben. Epigenetische Mechanismen werden von der Umwelt gesteuert. „Die Epigenetik, die Wissenschaft von den molekularen Mechanismen, mit denen die Umgebung die Genaktivität steuert, ist heutzutage einer der aktivsten Bereiche der Forschung" (Lipton 2006, S 25).

Gene sind nicht immer in Funktion, sondern müssen zur so genannten *Genexpression*, dem Vorgang bei dem die genetische Information umgesetzt wird, angeregt werden. Der Anreiz für diese Genexpression kommt aus der Umwelt. Dies können Signale sein, die aus der Zelle kommen, von außerhalb der Zelle oder von außerhalb des Organismus. Auch Emotionen können sich auf die Genexpression auswirken. Wie der deutsche Arzt Joachim Bauer, der ausgebildet ist als Internist, Psychiater und in psychosomatischer Medizin, 2009 in seinem Buch „Das Gedächtnis des Körpers – Wie Beziehungen und Lebensstile unsere Gene steuern" sehr eindrucksvoll anhand wissenschaftlicher Untersuchungen zeigt, „können Vorgänge in zwischenmenschlichen Beziehungen massiven Einfluss auf die Regulation zahlreicher Gene und aufgrund dessen nicht nur seelische, sondern auch weitreichende biologische Auswirkungen haben“ (Bauer 2009, S. 10). Alles, was wir seelisch erleben, wird im Gehirn in bioelektrische Impulse und in die Freisetzung von Nerven-Botenstoffen umgewandelt.

Durch biochemische Kommunikation der epigenetischen Moleküle mit der Außenwelt können diese also Gene aktivieren oder deaktivieren und somit steuern. Man spricht dabei von Epigenschaltern, die auf Umwelteinflüsse reagieren. Außerdem haben die Zellen ein Gedächtnis, das mit Hilfe einer bleibenden Veränderung ihres *Epigenoms* Reaktionen auf die Umwelt speichert. Die Epigenese bestimmt also durch Interaktion zwischen Erbanlage und Umwelt, welche Gene sich in der Expression wieder finden. Das bedeutet, genetisch festgelegte Faktoren interagieren mit inneren und äußeren Umgebungseinflüssen und durch beide zusammen entsteht der *Phänotyp*, das äußere, sichtbare Erscheinungsbild eines Lebewesens.

Aus diesem Grund ergibt der alte Disput „Was ist erlernt und was ist angeboren?“, wenig Sinn, da Aktivierung und Deaktivierung der Gene und Transkriptionsfaktoren von Umwelteinflüssen gesteuert werden. Erfahrungen und Lernvorgänge können Gene chemisch verändern und in nachgeschaltete molekulare Prozesse eingreifen, wodurch langfristige strukturelle Veränderungen im Gehirn ausgelöst werden können.

Die Anlage-Umwelt-Interaktion findet auf der Bindungsebene statt. Die Bindungsperson dient als Regulator der Hormone des Kindes, die die direkte Gentranskription steuern. Soziale Interaktionen sind also letztlich entscheidende Einflussfaktoren im Bezug auf die Epigenetik. Genauer gesagt, ist es die Bindungsperson und der zu ihr bestehende Bindungstyp, welcher epigenetischen Einfluss auf das Kind hat. Über die Bindungstheorie können daher gute Voraussagen über den zu erwartenden Phänotyp gemacht werden.

Und diese Interaktion beginnt bereits bevor sich ein strukturierter Organismus gebildet hat. Die Interaktion der Umwelt mit der Genexpression setzt unmittelbar nach der Befruchtung ein. Sogar in den frühesten Phasen der Entwicklung funktionieren Gene nicht vollkommen unabhängig von der Außenwelt. Die chemische Umgebung des Embryos ist notwendigerweise im direkten Kontakt mit der Körperchemie der Mutter. Die Interaktion zwischen Mutter und Kind beginnt bereits zum Zeitpunkt der Befruchtung (*Konzeption*). So konnte Gerald Hüther, ein deutscher Neurobiologe, etwa belegen, dass die Auswahl, ob ein weiblicher oder ein männlicher Embryo entsteht, keinesfalls dem Zufall überlassen wird. „Das männliche Geschlecht entsteht überzufällig dann, wenn es den Müttern relativ gut geht oder wenn die Geburt von Jungen für die Mütter, die sie zur Welt bringen, die Aussicht birgt, dass es ihnen dadurch besser gehen wird" (Hüther 2009, S. 30). Es scheint also eine Interaktion zwischen der sozialen und physischen Umwelt der Mutter einerseits und der Eizelle andererseits zu geben. Diese Interaktion ist zudem so weitreichend, dass es einen direkten, auswählenden Effekt auf das eindringende Sperma hat.

Über epigenetische Mechanismen kann also die soziale, physische und psychische Umwelt auf die Gene einwirken. Genetische Steuerprozesse werden durch äußere Einwirkungen direkt beeinflusst. Diese Faktoren werden transportiert durch epigenetische Wirkmechanismen und setzen direkt im Zellkern an. „Durch epigenetische Prozesse können offenbar Stress, Ernährungsmangel, Liebesentzug bis in den Zellkern hinein wirken; soziale und psychische Faktoren können einen Menschen nicht nur psychisch, sondern auch genetisch verändern" (Blazy 2011, S. 27). Die entwicklungs- und veränderungsoffenen physiologischen und psychischen Systeme des Embryos sind freilich in besonderer Weise davon betroffen. Epigenetische Faktoren bereiten einen heranreifenden Embryo auf die Lebensumwelt vor, welche er voraussichtlich antreffen wird. Es ist daher sinnvoll, dass nicht die DNS-Sequenzen ausschlaggebend sind, sondern letztlich die vermittelnden und umweltsensiblen epigenetischen Prozesse. Im Gegensatz zur lange verbreiteten Meinung ist es trotz stabiler DNS demnach keineswegs festgelegt, welcher Mensch einmal daraus wächst. Gene sind im permanenten Dialog beziehungsweise Austausch mit der Umwelt.

Die Interaktions- und Anpassungsreaktion der Zellen und des werdenden, wachsenden, sich entwickelnden Organismus bestimmen die Prioritäten der sich entwickelnden Strukturen. „Wir, und unsere Gehirne, sind stärker durch die Pflege in der Gebärmutter als durch unser genetisches Erbe geprägt“ (Verdult 2011, S. 56). Dies ergibt Sinn, um den werdenden Organismus optimal an die zu erwartende Umwelt anzupassen. Wie weit diese Optimierung Einfluss auf unser späteres Leben hat, zeigt etwa der deutsche Wissenschaftsjournalist Peter Spork. Er fragt sich, warum Menschen erkranken, obwohl sie einen sehr gesunden Lebenswandel haben. Die Antwort ist, dass frühe epigenetische Entscheidungen unsere Physiologie verändern, um möglichst gut an das erwartete Leben angepasst zu sein. Je früher die Veränderung im Epigenom stattfindet, desto hartnäckiger ist sie. „Das heißt: Was unsere Mutter gegessen hat, während sie mit uns schwanger war, hat unter Umständen mehr Auswirkungen auf unsere Gesundheit im Alter als die Mahlzeiten, die wir gerade zu uns nehmen. Und der Botenstoff-Mix, der unser Gehirn in den Monaten vor und nach der Geburt überschwemmt, prägt unsere Persönlichkeit oft stärker als die Erziehung, die wir in den vielen Jahren danach genießen“ (Spork 2010, S. 89).

Da die frühen Interaktionen besonders weitreichende und beständige Effekte auf die Genexpression haben, spricht man von einer Programmierung, welche früh beginnt und deren weitreichende Effekte ein Leben lang anhalten können. Programmierung kann beschrieben werden als der Prozess, der zu einer lang währenden Funktionsveränderung führt, die mit der Umgebung zusammenhängt, die ein Mensch in seinem pränatalen Leben angetroffen hat.

Die Umwelt hat also aktiven Einfluss auf die Expression unserer Gene. Umgekehrt können diese aus der Umwelt lernen. Diese Erkenntnis ist noch recht jung, wie es die gesamte Epigenetik als Wissenschaft ist. Noch vor einem Jahrzehnt wurden Epigenetiker als „esoterisch angehauchte Spinner“ (Spork 2010, S. 85) belächelt.

Aus der Interaktion von Umwelt und Genen entsteht also der Phänotyp. Verdult geht bei der Interpretation der Interaktion noch einen Schritt weiter: „Meiner Meinung nach ist das Gewicht von pränatalen Erfahrungen größer als eine genetische Disposition“ (Verdult 2012, S. 239). Das mütterliche Verhalten bestimmt damit bereits pränatal in großen Zügen das spätere Verhalten des Kindes auf der Bindungsebene. Wichtig ist es, hier festzuhalten, dass Präventionsprogramme oder spezielle Kurse mit schwangeren Frauen durchaus auch positive Einflüsse bis hin zur (Epi-) Genetik des noch ungeborenen Kindes haben, also für das Kind ein lebenslanger Schutzfaktor sein können.

Wird die Bindungsentwicklung hormonell gesteuert?

Um die epigenetischen Steuerungs- und Wirkfunktionen nutzen zu können, benötigt der menschliche Körper eine Verbindung zwischen der äußeren Wahrnehmung und den innerzellulären epigenetischen Eiweißmolekülen. Diese Verbindung wird durch Botenstoffe geleistet, welche im hormonellen System gebildet, durch das Blut- und *Lymphsystem* transportiert werden und über spezielle molekulare Schlüssel-Schloss-Mechanismen durch die Zellmembran ins Zellinnere gelangen können. Es sind die Hormone. Hormone sind jedoch nicht nur auf epigenetischer Ebene wirksam. Sie werden in verschiedenen Bereichen des Körpers produziert und ausgeschüttet. Sie werden für nahezu jedes chemische Steuersystem verwendet. Dies geschieht in der Gehirnentwicklung, beim Lernen, im muskulären System ebenso wie bei der Verdauung, der Steuerung des hormonellen Systems oder des Herz-Lungen-Kreislaufs. Auch und gerade die menschliche Entwicklung wird durch Hormone gefördert, gehemmt und gelenkt.

In der menschlichen Entwicklung kommen viele unterschiedliche Hormone zum Wirkeinsatz. Hier bedeutsam sind vor allem die „Bindungshormone“ *Prolaktin*, insbesondere *Oxytocin*, aber auch das auf das Fürsorgeverhalten und stressreduzierend wirkende *Vasopressin*. Im späteren Kapitel „Welche Auswirkungen hat Stress in der Schwangerschaft?“ wird noch eingehender auf die Stresshormone Adrenalin, *Noradrenalin* und Cortisol eingegangen. Das Gegenspieler-Hormon zur Stressachse ist das *Serotonin*, welches für Wachstum, Entwicklung und Reifung sorgt. Ebenso entspannend und entwicklungsfördernd wirken hormonelle *Opiate*, welche das Belohnungssystem ansteuern, dazu zählt das *Endorphin*.

Hormone sind äußerst sensibel bezüglich ihrer Umwelt. Sie reagieren sowohl auf unsere physische als auch auf die soziale und emotionale Umgebung. Beim Menschen sind in den frühen postnatalen Begegnungen beim ersten Anlegen zum Stillen – ausgelöst durch Blickkontakt, Körperkontakt und Saugen – versteckte neurobiologische Regulationsprozesse im Spiel: hormonelle Regulatoren. Hormone steuern auch das Immunsystem. So können Erfahrungsfaktoren wie Schwierigkeiten beim Trinken, ungewollte Trennungen von den Eltern oder eine frühe Entwöhnung zur lang anhaltenden Krankheitsempfänglichkeit im Erwachsenenalter beitragen. Entsprechend des bereits in der Epigenetik festgestellten Prinzips gilt auch hier, dass je früher eine solche hormonelle Regulation einsetzt, umso weitreichender sind die Folgen im Laufe des weiteren Lebens.

Frühe funktionsfähige Hormonsteuerung ist von elementarer Bedeutung etwa bei der Entwicklung des männlichen Embryos. Anfangs nämlich sind alle Embryonen weiblich. Schon in der sechsten bis siebten Woche nach der Befruchtung setzt diese hormongesteuerte Entwicklung ein. Unterbleibt diese hormonelle Entwicklungssteuerung, so bildet sich aus einem *genotypischen* Jungen ein phänotypisches Mädchen, also ein Kind, das die Gene eines Jungen besitzt aber den Körper eines Mädchens hat. Die entscheidenden Auslöser und Regulatoren zur Herausbildung der physiologischen Unterschiede zwischen den Geschlechtern sind also die Hormone. Männer bekommen nicht deshalb einen anderen Körper als Frauen, weil sie andere Gene oder ein anderes Gehirn haben, sondern weil ihre Keimdrüsen andere Hormone produzieren und in den Blutkreislauf ausschütten. Entsprechend der dargestellten hormonellen Steuerung der Geschlechtsentwicklung und des Immunsystems sind auch alle anderen physischen Entwicklungen extrem sensibel und von der präzisen Hormonsteuerung abhängig.

Doch Hormone steuern nicht nur die physische Entwicklung. Sie sind auch direkt an der Ausformung von Bindung und Emotionalität beteiligt. Es gibt zunehmend Belege dafür, dass frühe Erfahrungen mit den Bindungspersonen eine entscheidende Rolle in der Entwicklung der Gehirnsysteme spielen, die für emotionales Verhalten zuständig sind. Die Daten deuten darauf hin, dass die Vasopressin- und Oxytocinsysteme, die für den Aufbau sozialer Bindungen und für die Regulation emotionaler Verhaltensweisen entscheidend sind, durch frühe soziale Erfahrungen beeinflusst sind.

Oxytocin spielt eine besonders wichtige Rolle beim Aufbau von sozialen Beziehungen. Es verursacht vor allem Wehen während der Entbindung und den Milcheinschuss beim Stillen. Darüber hinaus stimuliert es die soziale Interaktion, verbessert die Fähigkeit, soziale Stichworte richtig zu deuten, reduziert Angst, erhöht die Schmerzschwelle, senkt den Stresspegel und bewirkt ein Mehr an Vertrauen, zudem fördert es die Lern- und Heilprozesse. Ausgeschüttet wird das Hormon nicht nur während der Geburt und beim Stillen, sondern bei Frauen wie bei Männern durch die Aktivierung der Sinneszellen der Haut.

Oxytocin wird infolgedessen auch als das „Bindungshormon“ bezeichnet. Es ist der neurobiologische Mechanismus, der für die Regulation komplexer sozialer Verhaltensweisen wie Bindung und elterliche Fürsorge verantwortlich ist. Oxytocin wird während der Geburt vermehrt ausgeschüttet. Das weibliche Gehirn schüttet Oxytocin aus und transportiert es über die Blutbahn sowohl in das mütterliche wie auch in das kindliche Gehirn. Die dadurch aktivierten neuronalen Netzwerke verstärken das Gefühl des Vertrauens und der Vertrautheit. Oxytocin wird zudem bei jedem Körperkontakt und jedem Stillvorgang vermehrt gebildet. Auch dabei gelangt es über die Muttermilch in den kindlichen Organismus und unterstützt das vertraute Band, welches eine sichere Bindung darstellt. Das Gleiche gilt für das ebenfalls als Bindungshormon genannte Prolaktin. Es wird auch zu den genannten Situationen gebildet und über Blut bzw. Muttermilch geteilt. Evolutionär besitzt der menschliche Körper also die Anlagen und die hormonellen Mittel, eine sichere Bindung zwischen Mutter und Kind zu unterstützen. Wenn das Kind per Kaiserschnitt entbunden wurde und nicht gestillt werden konnte, fehlt diese hormonelle Verstärkung. Im Kapitel „Welche Folgen kann der Kaiserschnitt auf die Bindung haben?“ wird darauf noch näher eingegangen.

Die schwedische Biochemikerin Kerstin Uvnäs-Moberg schreibt dem Hormon Oxytocin ebenfalls eine zentrale Bedeutung in der Entwicklung einer sicheren Bindung eines Kindes zu (vgl. Uvnäs-Moberg 2011). Sie belegt anhand von Studien einen direkten Zusammenhang zwischen der Entstehung einer sicheren Bindung und häufigem und engem Kontakt mit der Bindungsperson. Die damit befassten Studien belegen, dass Mutter und Kind, denen in den ersten zwei Stunden nach der Geburt Hautkontakt ermöglicht wird, zu dem Zeitpunkt, zu dem das Kind ein Jahr alt ist, vergleichsweise feinfühliger miteinander umgehen und stärker aufeinander bezogen sind. Auch sind sie stressresistenter. Hier gibt es einen direkten Zusammenhang mit der Oxytocin-Ausschüttung, verursacht durch den intensiven Hautkontakt.

Die Ergebnisse verschiedener Studien deuten darauf hin, dass es unmittelbar nach der Geburt ein biologisches „Fenster“ gibt, also eine Zeit, in der die Entwicklung sozial-interaktiver Verhaltensweisen und die Fähigkeit, mit Stress fertig zu werden, bei menschlichen Mutter-Kind-Einheiten geprägt werden. Diese Studien zeigen, wie wichtig die ersten 90 Minuten nach der Geburt für die Bindungsphase sind – sowohl für die Mutter als auch für das Kind. Die meisten Geburtskliniken wissen um die Bedeutung der ersten Bonding-Phase und die Oxytocin-Ausschüttung. Deshalb wird nach einem Kaiserschnitt meist den Vätern angeboten, ihr nacktes Neugeborenes auf die unbekleidete Brust zu legen. Der intensive Hautkontakt fördert die Oxytocin-Ausschüttung, welchen auch die Väter anbieten können, wenn die Frauen aus medizinischen Gründen dazu nicht in der Lage sind. Geburtshelfer sollten daher unnötige Trennungen von Mutter, Vater und Kind vermeiden.

Einflüsse während der Schwangerschaft auf die Mutter-Kind-Bindung

Was Mütter und Väter intuitiv spüren, ist mittlerweile auch wissenschaftlich belegt: Das sich entwickelnde vorgeburtliche Kind ist ein lebendiges, interaktives Wesen, das von der Empfängnis an durch seine mütterliche Umgebung beeinflusst wird. Vom ersten Moment an besteht zwischen Mutter und Kind eine „Ver-Bindung". Diese ist nicht nur physisch-biologischer, sondern auch psychischer Natur. Schon in der Schwangerschaft gibt es eine Kommunikation zwischen der werdenden Mutter und dem ungeborenen Kind, wobei auf verschiedenen Kanälen von beiden Seiten Signale geschickt werden können, die den organismischen Zustand des anderen beeinflussen. Wichtiges Kommunikationsmittel sind zum Beispiel die Hormonausschüttung der Mutter, aber auch die Sauerstoff- und Nahrungszufuhr über die Nabelschnur, die mütterliche Bewegung sowie ihre Herz- und Darmgeräusche. Eigene emotionale Erfahrungen und erworbene Bindungsmuster der Mutter bestimmen die psychobiologische Interaktion von Mutter und Kind.

Wirkt sich die Qualität der Partnerschaft auf die Bindung aus?

Der soziale und familiäre Hintergrund, in den ein Kind hineingeboren wird, ist bedeutsam für die kindliche Entwicklung. Auch die Herkunftsfamilien der Eltern spielen dabei eine direkte oder indirekte Rolle. Indirekt können letztere beispielsweise den (werdenden) Eltern einen sicheren Background durch emotionale oder finanzielle Unterstützung geben. Die Beziehungsentwicklung zwischen Mutter und Kind, aber auch die Mutter-Vater-Kind-Beziehung beginnt allerdings schon pränatal. Vor der Schwangerschaft existiert bereits die Paarbeziehung, woraus erst eine Bindungsbeziehung zu einem Kind erwächst.

In Partnerschaften finden sich meistens Menschen mit einem ähnlichen Grad der Bindungssicherheit zusammen. Studien zeigen, dass höhere Bindungssicherheit im

Paar auch höhere Partnerschaftsqualität erwarten lässt. Ist die Partnerschaft nicht ausgeglichen, gibt es fehlende Unterstützung des Partners oder gar extreme Formen ehelicher Gewalt, führt dies in der Regel zu einem unsicheren Bindungsstil der Fürsorgeperson und in der Folge häufig zur Verschlechterung des Erziehungs- und Fürsorgeverhaltens.

Es lässt sich in Untersuchungen ein Schutzfaktor nachweisen, der Kinder sogar vor dem negativen Einfluss der unsicheren Bindung einer oder beider Eltern schützen kann, wenn eine gut funktionierende Partnerschaftsbeziehung besteht. Die Entwicklung des kindlichen Bindungsstils steht offensichtlich in engem Zusammenhang mit der Qualität der Partnerbeziehung der Eltern. Dieser Bindungsstil kann sich im Laufe des Lebens auch im Erwachsenenalter ändern.

Mütter mit einer unsicheren Bindungsrepräsentation unterscheiden sich dann nicht in ihrem Fürsorgeverhalten von Müttern mit einer sicheren Bindungsrepräsentation, wenn ihr Partner sicher gebunden ist. Das bedeutet, dass die väterliche Bindungssicherheit die mütterliche Bindungsunsicherheit abfedert. Gleiches gilt für die Partnerin mit mehr Bindungssicherheit, die die Bindungsunsicherheit des Partners ausgleichen kann. Das heißt also, der Partner mit der in Bezug auf die Paarbeziehung höheren Bindungssicherheit liefert damit einen Puffer, der die potentiell negative Wirkung des unsicher gebundenen anderen Partners ausgleicht. Es gibt mittlerweile mehr als 100 Studien, die belegen, dass ein hohes Maß an ungelösten Konflikten zwischen den Eltern, bzw. ein kalter und zurückgezogener Umgang der Eltern miteinander, für die Kinder mit dem Risiko von schulischen Problemen einhergeht, und zwar sowohl was ihre Lernfortschritte als auch was ihre Peerbeziehungen angeht.

In einer Studie wurde mit einer Gruppe Elternpaare getestet, ob Interventionen, die auf das Erziehungsverhalten der Eltern abzielen, positive Auswirkungen auf das Erziehungsverhalten haben. Das war tatsächlich der Fall. Auf der Ebene der Paarbeziehungen gab es keine Veränderungen. Mit einer anderen Gruppe Elternpaare wurden Interventionen durchgeführt, die ausschließlich auf die Qualität der Paarbeziehung abzielen, nicht auf das Erziehungsverhalten. Hier zeigten sich positive Auswirkungen sowohl auf die Paarbeziehung als auch auf die Eltern-Kind-Beziehung. Zudem zeigten diese Kinder bessere Lernergebnisse in der Schule und einen geringeren Aggressionspegel als die Kinder der Eltern, die ausschließlich an ihrer Erziehungkompetenz gearbeitet haben. Die positiven Ergebnisse dieser Interventionen hielten lange an und waren noch zehn Jahre danach messbar. Diese Studie ist ein sehr eindrucksvoller Beleg dafür, wie wichtig die Qualität der Elternbeziehung in Bezug auf die Erziehungskompetenz und Bindungssicherheit der Kinder ist.

Eine weitere Studie beschäftigte sich mit den Folgen einer Scheidung oder Trennung für die betroffenen Kinder im weiteren Lebenslauf. Hier zeigte sich ein enger Zusammenhang zwischen kindlicher Bindungsunsicherheit und dem Erleben der elterlichen Scheidung im Kindesalter. Demnach waren 54% der Frauen und 43% der Männer, die keine Scheidungskinder waren, sicher gebunden. Wurde jedoch eine Scheidung der Eltern in der Kindheit erlebt, waren nur 17% der Frauen und 15% der Männer sicher gebunden. Die Erfahrung einer elterlichen Scheidung steht also in einem engen Zusammenhang mit Unsicherheit in der Bindungsrepräsentation. In der Tat herrscht Übereinstimmung in den Studien über den Zusammenhang zwischen der elterlichen Bindungsrepräsentation, der Qualität der Paarbeziehung und dem Einfluss auf die kindliche Bindung und Entwicklung. Aus weiteren Studien ist bekannt, dass die Ehezufriedenheit der Paare nach der Geburt nur dann zurückgeht, wenn die werdende Mutter schon vor der Geburt unsicher gebunden ist.

Es gibt also Zusammenhänge zwischen der transgenerationalen Weitergabe von Bindungsmustern, der Qualität der Partnerschaft und der Qualität der Interaktion mit den Kindern. Durch eine gestützte Umgebung könnte es gelingen, die transgenerationale Weitergabe von unsicheren Bindungsmustern zu durchbrechen und damit die Interaktion zwischen Eltern und Kindern zu verbessern. Einige Institutionen bieten spezielle Programme für Paare an, die auf diese Weise an ihrer Paarbeziehung arbeiten können. In jedem Fall würde dies nicht nur dem Paar, sondern auch den Kindern zugute kommen.

Wie wirken sich Schwangerschaftsphantasien aus?

Untersuchungen über die Entstehung und Entwicklung von Phantasien Schwangerer über ihr ungeborenes Kind zeigen deren Einfluss auf die frühe Mutter-Kind-Beziehung. Das ungeborene Kind nimmt bereits während der Schwangerschaft im Leben seiner Eltern einen „psychischen Platz“ ein, der geprägt ist von Zuschreibungen, Befürchtungen, Hoffnungen und Phantasien über die Beziehung zum Kind.

Die Phantasien finden auf bewussten und unbewussten Ebenen statt. Sie beziehen sich sowohl auf das Kind, wie es einmal sein wird, als auch auf die eigene Mutter-Rolle, wie man als Mutter sein wird. Das Bild des Kindes wird zunehmend geformt von der Beziehung, die die werdende Mutter schon während der Schwangerschaft zu dem Ungeborenen aufnimmt. Durch die Wahrnehmung der Kindsbewegungen und das mütterliche Eingehen auf diese, ist bereits eine reale Beziehung möglich. Das Kind wird zeitweise zum Träger des Ich-Ideals der Mutter.

In unserer Gesellschaft wird den Frauen viel zu wenig Raum gegeben, sich mit ihrer Schwangerschaft und dem damit verbundenen Identitätswechsel auseinanderzusetzen. Die Frau ist heute auf sich alleine gestellt, wenn sie die Umstellungsprozesse der Schwangerschaft meistern will, was früher noch im sozialen Kontext geleistet wurde. Abhilfe schaffen könnte hier beispielsweise während der routinemäßigen Ultraschalluntersuchungen über Schwangerschaftsphantasien zu sprechen. Allgemein wäre es förderlich, wenn die Schwangerschaftsuntersuchungen über die reine körperliche Vorsorge hinausgingen. So könnten möglicherweise frühzeitig potentiell konfliktträchtige Mutter-Kind-Konstellationen erkannt und in interdisziplinärer Zusammenarbeit Prävention in Bezug auf frühe Bindungsstörungen ermöglicht werden.

Die Bedeutung der elterlichen Vorstellung von ihrem Kind ist schon während der Schwangerschaft elementar. Das soll auch das folgende Beispiel zeigen: Eine Frau mit Zwillingsschwangerschaft wurde in ihrem Erleben begleitet. Schon im Bauch erlebte die Mutter ihre Kinder als sehr unterschiedlich. Der große Junge wurde von ihr als sehr lebhaft und aggressiv beschrieben und der kleine als sehr zurückhaltend und die Schläge seines Bruders erduldend. Eine spätere Untersuchung der beiden Brüder mit dem Fremde-Situations-Test (FST) ergab, dass der große Bruder sicher gebunden, während sein kleiner Bruder unsicher-vermeidend gebunden war. Diese Beobachtung bestärkt die Ergebnisse ähnlicher Studien, dass die Vorstellung der Eltern sowohl den Umgang mit der Schwangerschaft als auch die spätere Interaktion mit dem Kind beeinflusst.

Die unterschiedliche Bewegungsfreude der Zwillinge im Bauch der Mutter bekam von Anfang an von den Eltern eine bestimmte Zuschreibung: der große Bruder war der Aggressive und der kleine der Duldende. Aufgrund einer ausführlichen Anamnese und Testung der Mutter konnte angenommen werden, dass die unterschiedlichen Zuschreibungen der Kinder zwei Selbstanteilen der Mutter entsprachen. Die Interaktion zu ihren Kindern war eine unterschiedliche. So war es dem größeren Kind möglich, eine sichere Bindung zu seiner Mutter einzugehen, dem kleineren eine unsicher-vermeidende Bindung. Das „virtuelle Selbst“ als Vorstellung der Eltern über die mögliche Entwicklung ihres Kindes hat in diesem Beispiel einen deutlichen Einfluss auf die Entwicklung der Zwillinge in ihrer Unterschiedlichkeit.

Was nimmt das Kind in der Schwangerschaft wahr?

Das pränatale Kind kann fühlen, sehen, riechen, hören, schmecken, sowie lächeln und weinen. Durch seine Mimik und Bewegungen kann es Behagen und Unbehagen, Angst und Schrecken ausdrücken. Schon in der 10. Woche nach seiner Empfängnis beginnt das ungeborene Kind mit seinen „Hörstudien“, denn dann ist sein Hörorgan, die Schnecke im Innenohr gänzlich ausgebildet. Es wächst mit einem Klangpegel von 80 bis 95 Dezibel heran. Zum Vergleich: Eine normale Unterhaltung zwischen Erwachsenen liegt bei 10 bis 50 Dezibel, die Schmerzgrenze liegt bei 125 Dezibel. Ab dem zweiten Schwangerschaftsdrittel funktionieren alle menschlichen Sinnesorgane. Das ungeborene Kind reagiert auf Tast- und Druckreize, auf Bewegung und Temperaturunterschiede, sowie auf Gleichgewichts-, Geschmacks- und Schmerzreize. Mütter teilen Glück und Unglück, Angst und Stress, Trauer, Ärger und Wut ganz ungewollt ihrem Ungeborenen mit. Sie tun dies über ihre Atmung, ihren Herzschlag, über ihre Magen- und Darmgeräusche, über die Ausschüttung von Adrenalin und von anderen Botenstoffen.

Die Sinne der Körperwahrnehmung sind beim Ungeborenen schon sehr früh entwickelt. Schon in der 8. Schwangerschaftswoche reagiert der Embryo auf Berührung. Ab der 13. Woche kann der *Fetus* Daumen lutschen. Aber auch Geruchs- und Geschmackseindrücke sind dem Neugeborenen aus der intrauterinen Umgebung schon bekannt. Wurde Zitronenaroma ins Fruchtwasser eines trächtigen Kaninchens gespritzt, suchen die Kaninchenjungen nach der Geburt die Zitzen auf dem Rücken der Mutter, wenn es dort nach Zitrone riecht. Auch beim Menschen gibt es Hinweise darauf, dass intrauterin kennengelernte Aromastoffe mit dem mütterlichen Milieu assoziiert werden.

Von Anfang an also sind dem Neugeborenen durch seine pränatalen Erfahrungen der Geschmack und der Geruch von der Muttermilch vertraut. Es zieht den Geruch der Muttermilch gegenüber dem der Flaschenmilch vor, aber auch die Ernährungsgewohnheit der Mutter zeigt sich bei den Vorlieben der Nahrungsmittel der Neugeborenen. Die Mutter ist der einzige bekannte Reiz, den das Neugeborene sehr gut kennt, und stellt daher die ideale sichere Basis dar, von der aus der neugeborene Säugling seine Umgebung erkunden und etwas über sie lernen kann. Das pränatale Kind ist von Beginn an auf ‚Beziehung', ‚Kontakt' und damit auf ‚Lernen' ausgerichtet.

Was zeigt uns die pränatale Körpersprache?

David Chamberlain, kalifornischer Psychologe und Pionier der prä- und *perinatalen* Psychologie, berichtet, dass durch die moderne Technologie, besonders durch Ultraschall-Untersuchungen, psychologische Beobachtungen der ungeborenen Kinder möglich sind. Diese Beobachtungen stellen das Wissen über pränatales Verhalten in Frage, das noch vor 30 Jahren aktuell war. Beobachtet werden können zum Beispiel pränatale Schmerzwahrnehmung, Vorlieben, Interessen, Lernen und Gedächtnis, aggressives Verhalten, emotionale Zustände, wie Angst, Wut, Lächeln und Zuneigung.

Mehrfach konnte durch Ultraschalluntersuchungen belegt werden, dass Feten während einer Fruchtwasserpunktion, die üblicherweise zwischen der 14. und 16. Schwangerschaftswoche durchgeführt wird, vor der Nadel zurückweichen.[3] Es ist medizinisch nicht erklärbar, warum Feten mit drastisch abnehmendem Herzschlag, mit Atemfrequenzänderung sowie Schockzustand auf eine eindringende Fruchtwasseruntersuchungsnadel reagieren und sich oft erst nach mehreren Tagen wieder davon erholen. Bei Föten, die zwischen der 21. und der 23. Woche abgetrieben werden, kann man hörbares Weinen vernehmen. Dies und die schmerzlich verzogenen Gesichter von schon in der 12. Woche abgetriebenen Feten wird als Beweis für die frühen Gefühle von pränatalen Babys angesehen.

Aufgrund der frühen Beispiele für Selbstausdruck, Sinneswahrnehmung, Emotion und interaktives Lernen und Gedächtnis fordert Chamberlain Veränderungen an Entwicklungskonzepten, Veränderungen an der Routine-Versorgung von Ungeborenen und von Neugeborenen und Veränderungen der öffentlichen Anerkennung von frühkindlichem Trauma und der Notwendigkeit seiner rechtzeitigen Behandlung.

Wie lernt das Kind im Mutterleib für das ganze Leben?

„Während seiner ersten neun Monate lernt ein Kind vermutlich weitaus mehr als im Verlauf seines gesamten späteren Lebens. Und was es bereits vor seiner Geburt gelernt hat, ist offenbar ganz entscheidend dafür, was es später noch hinzulernen kann“ (Hüther/Krens 2008, S. 120). Wie Babys pränatal lernen und sich somit auch erinnern können, ist inzwischen mehrfach nachgewiesen worden. Beispielsweise reagieren Babys schon in der Gebärmutter auf bekannte Reize anders als auf neue Reize. Bei Neugeborenen konnte anhand des Saugrhythmus an einem Schnuller festgestellt werden, dass diese sich an Musikstücke erinnern, die ihnen während der

[3] vgl. hierzu ausführlicher in Kapitel „Welche Auswirkungen haben Traumatisierungen während der Schwangerschaft?“

Schwangerschaft vorgespielt wurden. Die pränatal erfahrenen sensorischen Einflüsse auf den Fetus werden gespeichert. Das Neugeborene erkennt nicht nur Musikstücke sondern auch Stimmen wieder, die es in der Pränatalzeit hörte. Neugeborene können ihre Muttersprache von einer anderen Sprache unterscheiden und ziehen die Stimme ihrer Mutter einer unbekannten weiblichen Stimme vor.

Pränatale Erinnerungen können nicht benannt werden, da sie lange vor dem Spracherwerb stattfinden, sie sind also vorsprachliche Erinnerungen. Es sind keine Erinnerungen in dem uns bekannten Sinn, sondern „Eindrücke und Empfindungen, die wie Engramme in unser Körpergedächtnis eingetragen sind" (Levend/Janus 2011, S. 11). Bewusst und in artikulierten Gedanken wird man nur schwer diese Erinnerungen wach rufen können. Sie verbleiben im Unbewussten, können aber in verschlüsselter Form in späteren Lebensphasen immer wieder auftauchen. Beispielsweise können in der Pubertät, im mittleren Lebensalter und im Alter, also in Umbruchphasen des Lebens, diese pränatalen Erinnerungen immer wieder an die Oberfläche kommen.

Alles, was durch die Interaktion zwischen einem Lebewesen und seiner äußeren Welt in seine Struktur und Organisation eingegangen ist, kann als Gedächtnis bezeichnet werden. So gesehen, besitzt jede einzelne Zelle ihr eigenes Gedächtnis. Im impliziten Gedächtnis werden Erfahrungen gespeichert, die sich auf das Erleben und Verhalten von Menschen auswirken, ohne dabei ins Bewusstsein zu gelangen. Die dort gespeicherten Erfahrungen reichen bis ins zweite Drittel der Schwangerschaft zurück. Nach dem heutigen Wissensstand ist das Vorhandensein neuronaler Strukturen nicht unbedingt Voraussetzung für die Verarbeitung früher Erfahrungen. Heute gehen wir von der Existenz eines „Zell-Gedächtnisses" aus, das bereits Informationen der frühesten Embryonalzeit zu verarbeiten vermag. Demnach müssen wir davon ausgehen, „dass unser rationales Denken viel öfter von unseren allerersten, vorgeburtlichen, Empfindungen und Erfahrungen gesteuert wird als wir dies wahr haben wollen.

Sie sind die Folie der Basisaffekte des ungeborenen Kindes“ (Levend/Janus 2011, S. 11).

Im menschlichen Gehirn können bestimmte Erfahrungen zu späteren Zeitpunkten aktiviert werden, und es entsteht somit ein Erinnerungsbild. Dieses Erinnerungsbild kann aber nur dann in Worte gefasst werden, wenn zum Zeitpunkt der Erfahrung schon verbale Fähigkeiten ausreichend entwickelt sind. Aus diesem Grund sind uns Erfahrungen, die wir als Säuglinge oder schon im Mutterleib gemacht haben, nicht bewusst. Aber sie sind im Gedächtnis der Zellen, einzelner Organe, im Gehirn oder im ganzen Körper gespeichert und können auf implizite, körperliche Weise zum Ausdruck kommen.

Besonders das Schmerzgedächtnis ist schon sehr früh aktiv. Es ist noch nicht lange her, dass Ärzte und Krankenschwestern der Meinung waren, dass das Baby weder Gefühle noch ein Schmerzgedächtnis hätte. Aus diesem Grunde wurden noch bis in die siebziger Jahre hinein Babys für Operationen nicht betäubt. Auch heute noch müssen Babys unnötige Schmerzen erdulden, ein Beispiel hierfür ist die rituelle Beschneidung männlicher Neugeborener aus religiösen Gründen. Dass und welcher seelische Schaden hierbei angerichtet wird, davon berichten in den letzten Jahren vermehrt Therapeuten.

Welche Auswirkungen hat Stress in der Schwangerschaft?

Stress ist ein Zustand der Alarmbereitschaft des Organismus, der sich auf eine erhöhte Leistungsbereitschaft einstellt. Ausgelöst werden kann Stress durch eine Vielzahl körperlicher und seelischer Reize. Diese werden Stressoren genannt und sind zum Beispiel: Wärme, Kälte, Lärm, Verletzungen, Infektionen, Probleme in der Partnerschaft, Überforderung im Beruf, Verlust eines geliebten Menschen und viele andere. Stress löst als Gegenregulation körperliche Anpassungsreaktionen aus, um unser Gleichgewicht wieder herzustellen.

Stress besitzt zunächst die allgemeine Funktion, auf einen Missstand hinzuweisen. Hierzu werden zunächst Nervenbahnen aktiviert, die unter anderem Erregung,

Alarmbereitschaft, Wachsamkeit, Wahrnehmung, Aufmerksamkeit und das motorische Aktivitätsniveau steigern. Gleichzeitig werden unwillkürliche Funktionen wie Nahrungsaufnahme, Verdauung, Wachstum, Fortpflanzung, Regenerierung und Funktionen des Immunsystems gehemmt. Zur Mobilisierung von Energiereserven werden insbesondere Adrenalin, Noradrenalin und Cortisol ausgeschüttet. Dadurch wird der Blutzuckerspiegel erhöht, Herzschlag und Blutdruck steigen, die Durchblutung wird vermehrt. Die ausgeschütteten Hormone stellen somit Energie bereit und stimulieren die Atmung wie auch Herz- und Gefäßsysteme betreffende Funktionen. Dies hat insbesondere evolutionsbiologisch sinnvolle Hintergründe. In der stammesgeschichtlich langen Phase des Jägers und Sammlers war ein Stressor stets auch ein Aggressor, welcher physische Bedrohung mit sich brachte. Der menschliche Körper beantwortet daher noch heute Stress mit Kampf und Fluchtreaktionen. Die freigesetzten Hormone müssen durch entsprechende motorische Aktivitäten (eben Kämpfen oder Flüchten) abgebaut werden, um die Anpassungsreaktion erfolgreich ausführen und den Zustand des Gleichgewichts wieder herstellen zu können. Der Organismus versucht, sich an den Stressor anzupassen. Dabei lässt die Widerstandsfähigkeit gegenüber anderen Stressoren nach, und es kann zu einer Schwächung des Immunsystems kommen, so dass sich die Abwehrbereitschaft gegenüber Krankheiten verringert. Unterbleibt jedoch die motorische Reaktion (Kampf und Flucht) und wiederholt sich die Stressreaktion immer wieder, so können zum Einen die Stresshormone nicht abgebaut werden und bleiben aktiv, zum Anderen werden immer neue Hormone ausgeschüttet. Somit chronifiziert sich der Stress ohne eine sinnvolle Anpassung erreichen zu können. Bei chronisch einwirkendem Stress kann es in der Phase der Erschöpfung zu organischen Erkrankungen kommen wie z.B. Magengeschwüren, Bluthochdruck oder Herzinfarkt. Der Stress wandelt sich von einer sinnvollen Abwehrreaktion in eine belastend und schädlich wirkende Reaktion.

Hat eine Schwangere Stress, kann dieser auf das Ungeborene wie ein *Teratogen* wirken. Teratogene, aus dem Griechischen etwa „Ursprung von Missbildung“, werden jene äußeren Einwirkungen genannt, welche zu Missbildungen, Fehlgeburten oder allgemein Schädigungen des Embryos führen. Schon länger ist bekannt, dass Teratogene die strukturelle und funktionelle Entwicklung des ungeborenen Kindes negativ beeinflussen. Ein Teratogen ist also ein Wirkstoff, der zu einer Zunahme angeborener Missbildungen führt oder diese wahrscheinlicher macht. Zu diesen Teratogenen zählen beispielsweise Medikamente, Alkohol, Nikotin und andere Drogen, die die Mutter in der Schwangerschaft zu sich nimmt. Ein bekanntes Beispiel zu den Auswirkungen von Teratogenen ist das Schlafmittel Contergan, welches Müttern in den 60er Jahren in der Schwangerschaft verschrieben wurde und schwere Missbildungen der Kinder hervorrief. Auch pränataler Stress ist heute offiziell als ein teratogener Faktor anerkannt.

Stress in der Schwangerschaft führt für den Embryo zu pränatalen Umweltbedingungen, die ein Risiko für spätere physische und psychische Störungen des Kindes darstellen können. Der Stress kann nicht nur durch äußere Umweltfaktoren, sondern auch durch psychosoziale Reize und innere Denk- und Emotionsprozesse angeregt werden. Zu äußerst stressreichen Umweltfaktoren zählen beispielsweise Erdbeben, Naturkatastrophen oder Krieg. Es können aber auch Umweltfaktoren wie Lärmbelästigung, Hitze oder Kälte als Stress erlebt werden. Psychosoziale Faktoren können die allgemeine Lebenssituation, ökonomische und gesellschaftliche Unsicherheiten sowie Probleme in der Partnerschaft oder im Arbeitsleben sein. Auch die Sorge um oder der Verlust von wichtigen Bezugspersonen können die Schwangerschaft belasten.

Maßgeblich beteiligt an der hormonellen Stressreaktion ist die Hypothalamus-Hypophysen-Nebennierenrinden-Achse (*HPA-Achse*). Sie hat die Funktion, den Organismus an Umweltbedingungen anzupassen, ihn aber gleichzeitig, trotz ständiger Herausforderungen, stabil zu halten. Ebenfalls an der Stressreaktion beteiligt ist das limbische System, also die Funktionseinheit des Gehirns, in der Gefühle verarbeitet werden. „Ist das Ausmaß als belastend erlebter innerer und äußerer Faktoren groß und verfügt die Person nicht über adäquate Bewältigungsmechanismen, kann es zu einer chronischen Dysregulation der HPA-Achse kommen“ (Krens/Krens 2006, S.

37). Diese Dysregulation, also Fehlsteuerung der HPA-Achse, hat einen direkten Einfluss auf das pränatale Kind.

Stresshormone wie beispielsweise Cortisol bewirken ein Zusammenziehen der Blutgefäße. Es gelangt also bei mütterlichem Stress weniger Blut in die *Plazenta*, wodurch der Fetus mangelhaft mit Nahrung und Sauerstoff versorgt wird. Dieser Mangel bedeutet für das ungeborene Kind einen natürlichen Stress, worauf es ebenfalls mit einer Freisetzung von Stresshormonen reagiert. Zusätzlich sind die mütterlichen Stresshormone teilweise plazentagängig. Schon am 13./14. Tag nach der Befruchtung ist die Nabelschnurverbindung hergestellt. Spätestens ab diesem Zeitpunkt erreichen die mütterlichen Stresshormone das pränatale Kind durch die Nabelschnur. Die Folgen eines hohen mütterlichen Stressniveaus können eine Wachstumsverzögerung des Kindes oder eine Frühgeburt sein. Es wurde mittlerweile in vielen Studien belegt, dass im Zusammenhang mit Stress in der Schwangerschaft nicht nur eine höhere Frühgeburtenrate steht, sondern auch ein geringeres Geburtsgewicht und ein kleinerer Kopfumfang. Ein erhöhter Stresshormonwert im mütterlichen Blut gilt als eine Vorhersage-Variable für eine drohende Frühgeburt.

Es konnte außerdem ein Einfluss psychosozialer Stressbelastung auf das mütterliche Ernährungsverhalten dokumentiert werden. So führt die Belastung in der Schwangerschaft zu einer Verminderung der Energiezufuhr und damit zur Beeinträchtigung des kindlichen Wachstums. Durch Sauerstoffmangel kann insbesondere das hochkomplexe, schnell wachsende Nervensystem empfindlich geschädigt werden.

Von einem unangemessenen psychosozialen Umfeld geht ein besonderer Stress aus. Insbesondere für die Entstehung emotionaler, aufmerksamkeitsbezogener und krankmachender Folgeerscheinungen sind psychosoziale Faktoren ein Risiko. So gibt es in Studien klare Zusammenhänge zum Beispiel zwischen Aufmerksamkeitsdefiziten der Kinder und Belastungen in der Zeit, als ihre Mütter mit ihnen schwanger waren. Auch scheinen psychosoziale Komplikationen während der Schwangerschaft mit Frühgeburten in Zusammenhang zu stehen: „Frühgeborene haben also deutlich häufiger eine durch psychosoziale Faktoren belastete Schwangerschaft erlebt, sie haben ein tendenziell erhöhtes Risiko emotionale Störungen zu entwickeln und kinder- und jugendpsychiatrisch auffällig zu werden“ (Zimmermann 2011, S. 67).

Verschiedene Studien zeigen, dass pränataler Stress mit einigen psychischen Erkrankungen wie beispielsweise Ticks, Verhaltensstörungen, Leseschwierigkeiten und Minderbegabung zusammenhängt. Sogar bestimmte Formen der Homosexualität konnten mit pränatalem Stress in Zusammenhang gebracht werden. Die Erklärung dazu ist, dass pränataler Stress die Hormonsituation verändert und die Gehirndifferenzierung beeinflusst. So wurden beispielsweise in den stressreichen Jahren des Zweiten Weltkrieges in Deutschland mehr Homosexuelle geboren als in den Jahren davor und danach. Auch gaben die Mütter von Homosexuellen an, in ihrer Schwangerschaft mehr Stress gehabt zu haben als andere Mütter. Des Weiteren kann ein pränataler Überschuss männlicher Hormone zum so genannten *adrenogenitalen Syndrom* führen, der häufigsten Form der *Intersexualität*, das heißt, der Mensch kann nicht eindeutig dem weiblichen oder männlichen Geschlecht zugeordnet werden. Die Erkenntnis, dass Stress in der Schwangerschaft postnatale Folgeschäden nach sich ziehen kann, ist indes nicht neu. Schon in den 70er Jahren konnte durch Untersuchungen belegt werden, dass besonderer emotionaler Stress der Mutter in der Schwangerschaft eine erhöhte Krankheitsanfälligkeit des Kindes nach der Geburt nach sich zieht.

Unterschiedliche Personen haben unterschiedliche Bewältigungsstrategien und auch unterschiedliche soziale Ressourcen um Stress abzubauen. Persönlichkeitsmerkmale, soziale Unterstützung und bestimmte Bewältigungsstrategien sind Faktoren, die dazu beitragen, den subjektiv wahrgenommenen Stress höher oder niedriger zu empfinden. Besonders gelungene soziale Unterstützung kann als Stress ausgleichender Faktor angesehen werden. Unangepasste oder krankmachende Bewältigungsstrategien können pränatal erlernt und weitergegeben werden.

Gestresste Embryonen reagieren bereits pränatal auf ihre Umgebung und versuchen zu kompensieren. Dabei besitzen sie offensichtlich die Fähigkeit, auf drohende Schädigungen vorbeugend zu reagieren. Die Angst vor einem Teratogen, wie beispielsweise Rauchen, beschreibt der in Deutschland lebende Engländer, studierte Theologe, Psychologe, Genetiker und Humanmediziner Terence Dowling: „Eine bemerkenswerte Studie zeigt sogar, dass ein ungeborenes Kind lernen kann, seine Herztätigkeit prophylaktisch im Voraus zu erhöhen, wenn die Mutter lediglich an das Rauchen denkt" (Dowling 2004, S. 193). Bereits pränatal lernten diese Kinder, sich kampf- und fluchtbereit zu machen durch drohende Gefahr, eben dem vergiftenden Moment des Rauchens.

Pränatal gestresste Kinder fallen im Säuglingsalter von 7 bis 8 Monaten häufiger durch erhöhte Erregbarkeit, Selbstregulationsstörungen, vermehrtes Schreien, motorische Unruhe und mangelnde Anpassungsfähigkeit auf. Des Weiteren zeigen sie einen psychologischen und motorischen Entwicklungsrückstand. Im Alter von 8 und 9 Jahren zeigten pränatal gestresste Kinder häufiger eine Aufmerksamkeitsdefizit-Hyperaktivität-Symptomatik (ADHS), sowie subjektiv empfundene Angstgefühle und eine Problemexternalisierung. Durch eine Externalisierung des Problems sieht der Mensch oft die einzige Möglichkeit, sich wieder in seiner ganzen Persönlichkeit positiv wahrzunehmen, denn das belastende Problem wird quasi aus dem Selbst herausgezogen. Ähnliche Auffälligkeiten zeigten sich sogar noch bei 14- bis 15-jährigen Kindern.

Tierstudien liefern wertvolle Hinweise auf die Auswirkungen von pränatalem Stress, welche aber die Forschung am Menschen nicht ersetzen. Werden Tiere pränatal gestresst, führt das zu Überaktivität, Veränderungen in Neurotransmittersystemen, dazu wird die Feedback-Regulation der HPA-Achse beeinträchtigt. Diese Ergebnisse konnten in allen Tierstudien repliziert werden. Pränatal gestresste Tiere zeigen postnatal ein verändertes emotionales, soziales, kognitives und motorisches Verhalten. Pränataler Stress wirkt sich in einer später verminderten Stressresistenz oder erhöhten Irritierbarkeit aus.

Versuche mit Ratten haben gezeigt, dass die Jungen von gestressten Rattenweibchen bis ins hohe Alter Verhaltensauffälligkeiten wie beispielsweise große Ängstlichkeit aufweisen. Der pränatale Stress hatte in der Studie sogar noch weiter reichende Folgen. Er wurde transgenerational weitergegeben: Die pränatal gestressten Rattenweibchen waren weniger fruchtbar und hatten mehr Fehlgeburten und Blutungen während der Schwangerschaft. Sogar die darauf folgende Generation, also die Enkel der pränatal gestressten Rattenweibchen, wiesen ein geringeres Geburtsgewicht auf und waren weniger lebensfähig.

Aus einigen Tierstudien kann resümiert werden, dass pränataler Stress in Zusammenhang steht mit Verzögerungen der neuromotorischen Entwicklung und anderen physiologischen Veränderungen, wie erhöhter Emotionalität, Überaktivität, vermindertem Erkundungsverhalten und gestörter Anpassung an Konfliktbedingungen. Außerdem zeigen die Tiere ein verändertes Sexualverhalten und Lerndefizite. Haben pränatal gestresste Tiere jedoch nach der Geburt die Möglichkeit positive Beziehungserfahrungen zu machen, dann kompensieren sich die negativen Effekte auf die Entwicklung der HPA-Achse.

Dirk Hellhammer, Biopsychologe an der Universität Trier, beobachtete unterschiedliche Stressreaktionen bei 1200 Menschen. Es zeigte sich, dass diese unterschiedliche Empfindsamkeit zu etwa 70% in den Monaten um die Geburt im epigenetischen Muster des Gehirns und Hormonsystems festgelegt ist. Die Wissenschaftler entdeckten, dass Menschen mit bestimmten Krankheiten überdurchschnittlich oft zu früh geboren wurden. Hellhammer sieht den Zusammenhang darin, dass die Mütter viel Stress in der Schwangerschaft hatten, weshalb die Kinder zu früh geboren wurden. Das in das Blut des Feten von der Mutter in der Schwangerschaft weitergegebene Cortisol programmierte die Epigenetik der fötalen Zellen um. Im Sinne der Evolution scheint die Umprogrammierung der Epigenetik sinnvoll, sie kann aber auch ernste

Folgen hervorrufen, meistens in Folge extremen körperlichen oder seelischen Stresses. Je früher wir also einen guten Start ins Leben haben, desto besser sind unsere Voraussetzungen für ein gesundes Leben.

Einen besonders großen Einfluss auf die Entwicklung des pränatalen Kindes haben so genannte kritische Lebensereignisse, die der schwangeren Mutter zustoßen. Kritische Lebensereignisse (Life Events) sind reale Lebenserfahrungen, die oftmals mit Umbrüchen verbunden sind und Stress auslösen. Als kritisches Lebensereignis wird beispielsweise sowohl die Schwangerschaft und Geburt eines Kindes, als auch die Scheidung der Eltern oder der Tod eines nahe stehenden Menschen sowie der Verlust des Arbeitsplatzes oder ein Wohnungswechsel gesehen. Solche kritischen Lebenserfahrungen bedürfen einer Lösung bzw. fordern die Herstellung eines neuen Gleichgewichts.

In einem 12-Jahres-Zeitraum (1980-1992) wurden in einer Studie alle Geburten Dänemarks ausgewertet. Hier konnte ein Zusammenhang von schweren Life Events auf Neuralrohrmissbildungen nachgewiesen werden. Haben Frauen im ersten Drittel der Schwangerschaft ein älteres Kind oder den Partner unerwartet verloren, konnte eine deutlich höhere Rate festgestellt werden von Kindern mit *Spina bifida* (Neuralrohrfehlbildung, auch „offener Rücken“ genannt), Lippen-Kiefer-Gaumenspalte und anderen Verschlussstörungen. Dieser Effekt stieg sogar noch an, wenn es in diesem Zeitraum der Schwangerschaft zu zwei Life Events kam. Diese Studie zeigt sehr eindrucksvoll, welch großen Einfluss die Lebensereignisse der Schwangeren auf die Gesundheit des pränatalen Kindes hat. Emotionaler Stress und Traumata der Schwangeren können Missbildungen des Kindes verursachen. Häufig bilden Mütter Schuldgefühle aus, die Missbildung habe mit ihrem Verhalten oder Gefühlen während der Schwangerschaft zu tun. Diese Gefühle wurden von den Therapeuten als nachfühlbar und verständlich bezeichnet, jedoch werden die damit verbundenen Geburtstraumata nicht in adäquater Weise behandelt und integriert.

Hierbei ist es wichtig zu bedenken, dass nicht das Life Event per se, sondern das Maß an Stressoren, das ihm inne wohnt, entscheidend ist. In einer Studie wurde eher zufällig der Aspekt der Heirat abgefragt. Es zeigte sich überraschenderweise, dass eine Hochzeit während der Schwangerschaft empfindliche Schädigungen des Kindes nach sich ziehen kann. Das bedeutet, dass offensichtlich ein Ereignis, das zwar üblicherweise eine positive Bedeutung hat, dennoch auch als ein belastendes Ereignis kritisch zu sehen ist. Die betroffenen Kinder entwickelten überzufällig häufig emotionale und aufmerksamkeitsbezogene Störungen. Eine Heirat während der Schwangerschaft wird folgerichtig als besonders belastendes psychosoziales Ereignis gewertet.

Die Ergebnisse weiterer Studien sprechen dafür, dass Präventionsmaßnahmen zur Optimierung des kindlichen Entwicklungsverlaufs eingeführt werden sollten. Nach diesen Studien gibt es Zusammenhänge von mütterlichem Stress, Angst oder Depression mit einer erhöhten Frühgeburtenrate und niedrigerem Geburtsgewicht. Vergleichbar ist das Risiko dafür mit dem des Rauchens in der Schwangerschaft. Erklärt wird das niedrigere Geburtsgewicht mit den bei Stress ausgeschütteten chemischen Botenstoffen, die Blutgefäße verengen und dadurch die Blutzufuhr in der Nabelschnur verringern. Ein niedriges Geburtsgewicht ist oft verbunden mit körperlichen Folgeerscheinungen im Erwachsenenalter. Der pränatale mütterliche Cortisolspiegel hängt zusammen mit dem fetalen Cortisolspiegel, was darauf hin deutet, dass der menschliche Fetus aktiv auf die physiologischen Veränderungen in seiner Umwelt reagiert, die möglicherweise durch mütterliche Stressreaktionen ausgelöst werden.

Folgerichtig ist zu bemängeln, dass in Deutschland trotz eines dichten medizinischen Netzes an Vorsorgeuntersuchungen insbesondere psychosoziale Risikofaktoren extrem selten erhoben werden. Deutlich seltener, als dies nach vielen Studien zu erwarten wäre. Die Schwangerschaftsuntersuchungen beachten nahezu ausschließlich den Bereich der biomedizinischen Risikofaktoren. Diese jedoch klären höchstens die Hälfte aller ungünstigen Geburtsausgänge, wenn nicht sogar viel weniger. Psychosoziale Risikofaktoren jedoch, welche einen mindestens gleichwertigen Einfluss ausmachen, werden in der gynäkologischen Praxis während der Schwangerschaft in ihrer Bedeutung nicht ausreichend beachtet und verlässlich erfasst.

Schon schwierige belastende Gefühle der Mutter während der Schwangerschaft können sich auf das Baby auswirken. Mehrere Studien bestätigen, dass negative mütterliche Emotionalität während der Schwangerschaft die nachgeburtliche Entwicklung beeinflusst. „Die Ängste der Mutter wirken sich auf die motorische Aktivität, die Pulsfrequenz und auf das Verhaltensmuster aus" (Hidas/Raffai 2006, S. 54). Stress und Angst während der Schwangerschaft hängen zusammen mit einem schwierigen Temperament der Kinder sowie mit Verhaltensauffälligkeiten, Schlafstörungen, Aufmerksamkeitsstörungen und niedrigeren kognitiven Leistungen. Die Auswirkungen können sich auch auf die Schwangerschaft und die Geburt in Form verschiedener Komplikationen bis hin zum Tod des Kindes, vor während oder nach der Geburt (plötzlicher Kindstod) beziehen. Ein geringes Geburtsgewicht, Koliken, ein schwaches Immunsystem, Hyperaktivität und Entwicklungsstörungen können ebenso Auswirkungen sein wie exzessives Schreien, Fütter- und Schlafstörungen oder geringe Selbstregulation der Gefühle. Darüber hinaus steht die Neigung zu verschiedenen Krankheiten, die erst später im Leben auftreten, wie Herzinfarkt, Diabetes, Fettleibigkeit usw. in Verdacht, ihren Ursprung schon in der Schwangerschaft zu haben.

Die pränatale Neigung zu Gesundheit oder Krankheit wird als „fötale Programmierung" bezeichnet. Diese Tatsache erhöht den Druck, der sowieso schon auf den werdenden Eltern lastet. Sie wollen „gute" Eltern sein und bekommen Schuldgefühle, wenn ihr Kind eines der eben genannten Verhaltensauffälligkeiten oder Krankheiten zeigt. Eltern erschrecken womöglich, wenn sie hören, eine wie bedeutungsvolle und prägende Wirkung Schwangerschaft, Geburt und Babyzeit auf das Leben eines Menschen ausüben. Es gibt keine bösen oder schlechten Eltern, sondern nur solche, die sich mit ihrer eigenen individuellen Lebensgeschichte auseinander setzen müssen. Die elterliche Unsicherheit ist daher nur die Wiederholung ihres eigenen Schicksals.

Der schweizer Körperpsychotherapeut, Familien- und Babytherapeut Franz Renggli vertritt daher die Meinung, nicht die einzelnen Mütter und Väter seien schuld an Verhaltensauffälligkeiten ihrer Kinder, wie zum Beispiel Schrei-, Schlaf- Fütter- und Aufmerksamkeitsstörungen. Vielmehr sei die Gesellschaft, in der sie leben, hierfür verantwortlich. In vielen ursprünglichen Kulturen trägt die Betreuungsperson das Baby an ihrem Körper mit sich. Entsprechend ruhig und entspannt sind die Kinder. Je höher eine Kultur entwickelt ist, desto radikaler wird meist eine Trennung von Mutter und Kind direkt nach der Geburt vollzogen. Der Kinderwagen und das Kinderzimmer wurden „erfunden", sie legitimisierten damit eine von der Gesellschaft sozial erwünschte Trennung von Mutter und Kind. Im 20. Jahrhundert wurde die Trennung weiter intensiviert, so durfte eine Mutter ihr Kind nur alle vier Stunden stillen. Auf diese Weise wurden Babys zum Schreien erzogen.

In der Zeit der Schwangerschaft und auch nach der Geburt ihres Kindes sind Eltern besonders empfänglich, sich mit ihrer eigenen Geschichte auseinander zu setzen. Die meisten Eltern wollen die unverarbeiteten Erlebnisse ihrer eigenen Kindheit nicht an ihre Kinder weiter geben. Dies ist ein guter Zeitpunkt, um Prävention anzubieten. Aus den Ergebnissen der Forschung zu pränatalem Stress lernen wir, wie wichtig eine emotionale Begleitung in der Schwangerschaft ist. Dies gilt auch, wenn die Schwangeren glauben, keine Hilfe zu benötigen, denn die unverarbeiteten Erlebnisse der frühen Kindheit wirken meistens unbewusst nach.

Was gilt es über Vorsorgeuntersuchungen zu wissen?

Jede Schwangere hat einen gesetzlichen Anspruch auf Schwangerenvorsorge. Vorsorgeuntersuchungen während der Schwangerschaft sind wichtig, um frühzeitig mütterliche oder kindliche Risiken zu erkennen. Die Vorsorgeuntersuchung kann beim Gynäkologen oder bei einer Hebamme durchgeführt werden. Im so genannten „Mutterpass", den es in Deutschland seit 1968 gibt, werden vom Gynäkologen oder von der betreuenden Hebamme alle Vorsorgeuntersuchungen in der Schwangerschaft mit ihren Ergebnissen eingetragen. Vorgeschrieben und von der Krankenkasse bezahlt werden monatliche, ab der 32. Schwangerschaftswoche zweiwöchentliche und im letzten Monat sogar wöchentliche Vorsorgeuntersuchungen. In einer normal verlaufenden Schwangerschaft sind nach den Mutterschafts-Richtlinien drei Ultraschall-Untersuchungen vorgesehen, die der Überwachung der Schwangerschaft dienen (9.-12. SSW, 19.-22. SSW, 29.-32. SSW). Zusätzliche Untersuchungen sind meist medizinisch nicht notwendig und werden von den gesetzlichen Krankenkassen nicht übernommen. Allerdings kritisiert auch Sven Hildebrandt, leitender Gynäkologe eines Geburtshauses in Dresden und Präsident der Internationalen Gesellschaft für prä- und perinatale Psychologie und Medizin (ISPPM), dass die „deutsche Mutterschafts-Richtlinie als Leitlinie für die Schwangerenbetreuung durch Ärzte und Hebammen [...] auf die psychosozialen Bedürfnisse der Frauen nur unzureichend" eingeht (Hildebrandt 2012, S. 10).

In der Schwangerschaft werden weitere systematische Untersuchungen durchgeführt, um die Auftrittswahrscheinlichkeit von Krankheiten oder genetischen Abweichungen zu bestimmen. Diese Untersuchungen werden als *Screening*-Verfahren bezeichnet, hierzu zählen Blutuntersuchungen, Gewichtskontrollen, Glukose-Belastungstests, Ultraschall-Untersuchungen und Einiges mehr. Diese Vorsorgeuntersuchungen sind in den letzten Jahren immer zahlreicher geworden und bleiben nicht ohne Kritik. Sie dienen letztlich auch dazu, juristische Verantwortung der Ärzte bei der Geburt eines behinderten Kindes abzuwehren: „Die vielen Tests dienen daher mehr ihrer [der Ärzte] Sicherheit, als der von Mutter und Kind. Manche Ärzte bieten überflüssige Diagnosemöglichkeiten an, die sie privat abrechnen können" (Krüll 2011, S. 117f).

Über die eventuellen Folgen der Untersuchungen sind sich die Frauen oft nicht bewusst. Kleinste Abweichungen, welche ausschließlich durch die hoch differenzierenden modernen Diagnostikmethoden auffallen, medizinisch jedoch gänzlich unbedenklich sind, haben zusätzliche Kontrolltermine zur Folge, was für die Schwangere mit großem Stress aufgrund diffuser Ängste verbunden sein kann. Jede dieser Untersuchung kann für die Schwangere beunruhigende – womöglich falsche –

Ergebnisse bringen. Zusätzlich werden nach unterschiedlichen Studien inzwischen etwa 60-80% der Schwangeren durch den Mutterpass zu Risikopatientinnen klassifiziert. Das bedeutet, dass heute 60-80% aller Schwangeren ihre Schwangerschaft als Risiko erleben (müssen).

Die Durchführung einer Ultraschalluntersuchung während der Schwangerschaft kann sich sowohl positiv als auch negativ auf die vorgeburtliche Mutter-Kind-Bindung auswirken. Gerade weil das Ultraschallbild kein wirklichkeitsgetreues Abbild des Föten bietet, sondern ein Schema ist, lässt das der Schwangeren Raum für Phantasien. Frauen, die ohnehin eine positive Einstellung zu ihrer Schwangerschaft haben, deuten die Bilder der Untersuchung positiv und interpretieren die Bewegungen des Kindes in gewünschte Persönlichkeitsmerkmale. Der Ultraschall kann dazu beitragen, das werdende Kind zu personifizieren und so Muttergefühle auslösen. Steht eine Frau ihrer Schwangerschaft allerdings ambivalent gegenüber, kann eine frühe Konfrontation mit dem Ungeborenen für die werdende Mutter nicht einfach sein. Werden durch Ultraschall grenzwertige Befunde festgestellt, kann das zu lang anhaltenden Unsicherheiten bezüglich der Unversehrtheit des Ungeborenen führen. Elisabeth Geisel, Vorsitzende der Gesellschaft für Geburtsvorbereitung (GfG), ist der Meinung, dass Ultraschallbilder eine „Pseudo-Sicherheit" vorgaukeln. Das bedeutet, dass das Gesehene nicht unbedingt der Wirklichkeit entsprechen muss. Geisel glaubt nicht, dass der Ultraschall bindungsfördernd ist: „Ultraschall schafft Distanz, suggeriert ein ‚Du' außerhalb von mir" (Geisel 2012, S. 130). Gerade weil der Ultraschall üblich ist, wird er nicht mehr hinterfragt.

Es gibt inzwischen etliche Studien darüber, dass Ultraschall für den *Fötus* nicht gänzlich unschädlich ist. Er verursacht sekundäre Schwingungen in der Gebärmutter, die das Kind hören kann, denn es entsteht ein Schalldruck von 100 Dezibel. Das entspricht der Lautstärke eines einfahrenden U-Bahn-Zuges. Aufnahmen in 3D und besonders der *Doppler-Ultraschall* sind wesentlich intensiver (bis zu 10fach stärker), weshalb der Doppler-Ultraschall beispielsweise in der Frühschwangerschaft gar nicht durchgeführt werden sollte. Die wilden Bewegungen, die die Ungeborenen sehr häufig bei den Ultraschalluntersuchungen machen, sind also kein freudiges Zuwinken, sondern der verzweifelte Versuch, der Schallwelle auszuweichen. Schädigungen, die unter Verdacht stehen, durch häufigen Ultraschall ausgelöst zu werden, sind beispielsweise eine Veränderung der Erbsubstanz, Zellschädigung, erhöhtes Früh- und Totgeburtsrisiko, Wachstumsstörungen, Gehirnschädigungen und erhöhtes Risiko für Herzfehler und Hyperaktivität.

Die Hessische Perinatalerhebung bestätigt, dass es durch die Ultraschalldiagnostik seit 1981 bei Risikoschwangerschaften zu einer Senkung der Totgeburtenraten etwa um die Hälfte kam. Bei genauerer Analyse stellte sich allerdings heraus, „dass es nach 1985 zu keiner weiteren Senkung der vorgeburtlichen Sterblichkeit kam, obwohl 55% aller Schwangeren mit mehr als drei der vorgeschriebenen Ultraschalluntersuchungen überversorgt worden sind. Genauso wenig lässt sich ja offenbar durch den Einsatz modernster Technik und neuester Laborscreeningmethoden die bei sechs bis sieben Prozent liegende Frühgeburtenrate senken“ (Presch 2002, S. 37f). Nach dieser Studie sind aus medizinischem Blick mehr als die drei vorgeschriebenen Ultraschall-Untersuchungen unnötig.

In einer Studie von Brisch konnte festgestellt werden, dass Schwangere mit erhöhten Angstwerten sich von Ultraschalluntersuchungen, die bestätigen einen gesunden Feten in sich zu tragen, nicht beruhigen lassen. Im Gegenteil: die Frauen schienen noch mehr verängstigt zu sein. Oftmals haben Schwangere mit erhöhten Angstwerten Fehl- und Totgeburten oder andere Verluste erlebt. Diese traumatischen Ereignisse sind dann möglicherweise nicht ausreichend bewältigt worden. „Es wäre also möglich, dass alte unverarbeitete Ängste aufgrund der erneuten Schwangerschaft aus der Erinnerung wieder auftauchen. Das bedeutet: schwanger zu sein reicht aus, um mit steigender Angst zu befürchten, das Kind erneut zu verlieren“ (Brisch 2007, S. 799). Eine spezielle Schulung für alle Schwangerschafts- und Geburtsbegleiter wäre hier sinnvoll, damit sie individuell auf die Schwangere eingehen können, bevor die

Ängste bedrohlich werden. So könnten Gynäkologen mit einer besseren Schulung schon während der Betreuung in der Schwangerschaft beispielsweise Ängste der Schwangeren früher erkennen und entsprechend präziser auf die Ängste der Schwangeren eingehen.

Was gilt es über Pränataldiagnostik zu wissen?

Die Pränataldiagnostik (PND) ist darauf ausgerichtet, *Chromosomen*veränderungen oder Fehlbildungen des Ungeborenen, die überwiegend genetisch bedingt sind und meist eine schwere Behinderung des Kindes nach sich ziehen, frühzeitig zu diagnostizieren. Die PND soll nach den Mutterschafts-Richtlinien dazu beitragen, spezifische Risikoschwangerschaften rechtzeitig zu erkennen und Gefahren für Leben und Gesundheit von Mutter und Kind abzuwenden. Gleichzeitig soll die PND eine Hilfestellung bei der Entscheidung über eine Fortsetzung oder einen Abbruch der Schwangerschaft leisten.

Die Methoden der PND unterscheiden sich in nicht-*invasive* und invasive Untersuchungen. Zu den nicht-invasiven Methoden zählen vor allem Ultraschalluntersuchungen, Nackenfaltenmessung, *Triple-Test* (mütterliche Blutuntersuchung zur Feststellung der Wahrscheinlichkeit z. B. von *Down-Syndrom*) oder *Organscreening*. Invasive Methoden, das heißt, chirurgische Eingriffe in den Körper der Frau, sind beispielsweise die *Chorionzottenbiopsie* (Gewebeentnahme aus den Chorionzotten, woraus später die Plazenta entsteht) oder die *Amniozentese* (Fruchtwasserpunktion).

Wird mit einer solchen Methode eine Chromosomenabweichung festgestellt, sagt dies noch nichts aus über den Schweregrad und die Ausprägung der Schädigung des Ungeborenen. Und umgekehrt: Wird auf diese Art keine Schädigung des Kindes festgestellt, heißt das nicht, dass das Kind auch gesund zur Welt kommt. Nach einer italienischen Studie des Jahreskongresses der European Society of Human Genetics werden nur wenige chromosomale Anomalien erkannt und dies auch nur in etwa der Hälfte der Fälle. Besonders bei jüngeren Frauen bis 35 Jahre ist die Fehlerrate von Amniozentese und Chorionzottenbiopsien sehr hoch, hier werden nur 31%-44% der

Chromosomenabweichungen erkannt. Des Weiteren sind die meisten genetischen Störungen nicht auf Abweichungen der Chromosomenzahl zurückzuführen. Krankheiten, die durch einzelne oder kombinierte Gendefekte, also Störung einzelner Erbanlagen, hervorgerufen werden, wie z. B. Mukoviszidose, Stoffwechselstörungen oder syndromale Erkrankungen (Krankheitszeichen, die keine organische Ursache erkennen lassen), bleiben unentdeckt.

Die PND kann also nur einen relativ geringen Prozentsatz, nur etwa 0,5%, aller möglichen Krankheiten erkennen. Ist der Befund unauffällig, kann das Kind zudem dennoch behindert oder nicht lebensfähig zur Welt kommen (*falsch-negativer Befund*). Ist umgekehrt der Befund auffällig, kann das Kind trotzdem kerngesund sein (*falsch-positiver Befund*). Nicht außer Acht gelassen werden sollten auch die Risiken der invasiven PND wie Infektionen, Blutungen, ein erhöhtes Risiko einer Fehlgeburt (0,5% - 3%) oder die Verletzung des ungeborenen Kindes.

Die PND wird seit ihrem Aufkommen in Deutschland viel und heftig diskutiert. Für die einen ist sie eine begrüßenswerte Technologie. Sie bietet beispielsweise Eltern die Möglichkeit, sich schon während der Schwangerschaft auf ein behindertes Kind einzustellen oder einen Schwangerschaftsabbruch zu erwägen. Bei Auffälligkeiten kann ein Kaiserschnitt geplant werden, der einen größeren Schaden des Kindes abwenden kann. Für die anderen ist die PND, aufgrund der entstehenden existenziellen Ängste und deren Folgen, eine Zumutung für die Schwangeren und ihre ungeborenen Kinder, dies nicht zuletzt auch aufgrund der selektiven Absichten.[4] Für den Einfluss der PND auf die Mutter-Kind-Bindung interessant sind beispielsweise folgende Fragen: Wie wird die Wartezeit auf ein Diagnose-Ergebnis, die die einzelnen diagnostischen Maßnahmen beinhalten, von Mutter und Kind begleitet und verarbeitet? Was bedeutet die PND für das Schwangerschaftserleben? Welche Stressfaktoren gehen von der PND aus und wie gut sind die Schwangeren über die PND und ihre Folgen informiert?

---

[4] Auf die Kritik der Behindertenverbände und die ethischen Fragen zu einem Schwangerschaftsabbruch nach einem auffälligen Befund der PND wird hier nicht eingegangen.

Die Bundeszentrale für gesundheitliche Aufklärung (BZgA) hat eine repräsentative Befragung Schwangerer zum Thema Pränataldiagnostik durchgeführt, deren Ergebnisse im Juni 2006 veröffentlicht worden sind. Danach nehmen mehr als zwei Drittel der Frauen mehr als die drei vorgeschriebenen Ultraschalluntersuchungen und mehr als ein Drittel die Nackenfaltenmessung während der Schwangerschaft in Anspruch. Nur 15% der Befragten haben ganz auf die PND verzichtet. Diese Zahlen verdeutlichen, wie weit verbreitet die PND ist. Vor dem Hintergrund, dass 65% der Befragten angaben, sich vorstellen zu können, ein behindertes Kind zu akzeptieren, ist es um so erstaunlicher, dass die PND so häufig angewendet wird, denn für die Frauen, die ein behindertes Kind sowieso austragen würden, hätte die Diagnose der PND kaum Konsequenzen. Vielen Frauen ist gar nicht bekannt, dass sie die PND ablehnen können.

Zu den Gründen, warum die Schwangeren die Untersuchungen zur PND durchführen lassen, geben über 60% der Frauen die „Sicherstellung der Gesundheit des Babys" an. Ein Viertel der Schwangeren geben an, dass sie die PND durchgeführt haben, „weil es der Arzt so wollte". Das heißt zum Einen, dass diese Frauen ihrem Arzt blind vertrauen, ohne kritisch zu hinterfragen, wozu die Pränataldiagnostik gut ist. Zum Anderen verdeutlicht das, wie viel Einfluss und Macht die Ärzte über ihre Patientinnen haben.

Die Studie der BZgA ging der Frage nach, warum Schwangere sich nicht besser über die Pränataldiagnostik informieren. Da in der Befragung Themen, die mit negativen Gefühlen besetzt sind (plötzlicher Kindstod, Früh- und Fehlgeburten, Informationen über Fehlbildungen, etc.), zu den Fragestellungen gehörten, die die Schwangeren am wenigsten interessierten, gehen die Autoren davon aus, dass Frauen in der Schwangerschaft möglicherweise „aus Selbstschutz" davon abgehalten werden, sich intensiver mit negativ besetzten Themen auseinanderzusetzen.

Die meisten Schwangeren glauben, dass die PND zu einer Entlastung führen könnte, weil es die Sorge vor einer Erkrankung des Kindes nehme. Hier wird deutlich, dass die Befragten nicht darüber aufgeklärt sind, dass die PND nicht die Möglichkeit bietet, alle Krankheiten, Fehl- und Missbildungen auszuschließen, und es somit keine „Gewährleistung“ für ein gesundes Kind gibt. Ebenso ist den meisten Eltern nicht bekannt, dass bei Vorliegen einer Chromosomenabweichung mit wenigen Ausnahmen keine Therapie möglich ist. Die einzige „Lösung“, die auch von den Ärzten empfohlen wird, ist der Schwangerschaftsabbruch. Den meisten Frauen ist nicht klar, dass die Inanspruchnahme der PND sie in eine entscheidungsbedürftige Situation bringen kann.

Bei der Deutung der Befunde, vor allem, in Bezug auf statistische Risikoeinschätzungen, sind Schwangere oft überfordert. So ist ein Risikobegriff von zum Beispiel 1:850 schwer verständlich[5]. Schwangere gehen mit diesen Informationen unterschiedlich um. „Während die eine das Testresultat für sich so einordnet, dass sie damit viel eher am nächsten Tag einen Autounfall hat als dass sie ein Kind mit einer *Chromosomenaberration* gebärt, kann sich eine andere Patientin vorstellen, dass gerade sie die 850. ist, die diesen Test gemacht hat“ (Alder et al. 2002, S. 148). Letztere wird also sicher einen höheren Angstwert erleben.

Studien zeigen deutlich, dass die Durchführung von pränataler Diagnostik mit Ängsten und emotionaler Anspannung verbunden ist. Die Wartezeit bis das Testresultat da ist, bedeutet für die Schwangeren eine enorme emotionale Belastung. Ist das Testresultat unauffällig, lässt die emotionale Anspannung nach. Die Art des Beratungsgespräches spielt für die emotionale Verarbeitung eine wichtige Rolle. Für belastetere Frauen führt die PND nicht zu einer Beruhigung , sondern eher zu einer Zunahme der Ängste in Bezug auf die Schwangerschaft. Selbst, wenn die Ängste einer Schwangeren um die fetale Gesundheit durch eine pränatale Diagnostik mit einer günstigen Prognose gesenkt werden, können die Ängste im Verlauf der Schwangerschaft wieder auftreten. Die beruhigende Wirkung des unauffälligen Ergebnisses ist dann nur kurzfristig.

---

[5] Einen solchen Risikowert erhält man beispielsweise bei einem Triple-Test oder der Nackenfaltenmessung.

Unabhängig von ihrem Alter ist für viele Frauen die PND inzwischen zur Routineuntersuchung geworden. Von den meisten Gynäkologen werden die Untersuchungen der PND vor allem für Risikopatientinnen empfohlen, wobei dies, wie bereits erwähnt, 60%-80% der schwangeren Frauen betrifft. Je differenzierter die Untersuchungsmethoden der PND sind, desto eher können kleine Abweichungen von der Norm entdeckt werden, welche oft medizinisch ohne Relevanz bleiben. Nach einer deutschen Studie sind zwei Drittel aller Schwangeren mindestens einmal in ihrer Schwangerschaft mit dem Verdacht einer Auffälligkeit oder pathologischen Entwicklung konfrontiert. Auf von der Norm abweichende Ergebnisse folgen oft weitere Untersuchungen bis hin zur invasiven PND. Die Schwangeren geraten in eine „Untersuchungsspirale", die geprägt ist von gesteigertem Angsterleben der werdenden Mutter. Die Angst wiederum wirkt sich kurzfristig auf Schwangerschaft, Geburt und die Entwicklung des Föten aus und kann langfristig auf die kindliche Entwicklung von Emotionalität und Verhalten Einfluss nehmen.

Welche Auswirkungen die Untersuchungsspirale mit ihrem gesteigerten Angsterleben auf Mutter und Kind haben kann, zeigt ein Beispiel von Brisch. In diesem Fall wurden bei einer Schwangeren zwei unterschiedliche invasive Pränataldiagnostikmethoden durchgeführt mit zwei unterschiedlichen Ergebnissen: einmal auffällig, einmal unauffällig. Die emotionalen Unsicherheiten der Mutter während der PND hatten Auswirkungen auf das postnatale Verhalten des Säuglings in Form von exzessivem Schreien. Dies hätte verhindert werden können, wenn die Frau in der Schwangerschaft mit den beängstigenden und irreführenden Ergebnissen der PND nicht alleine gelassen worden wäre. Der vorgeburtliche Bindungsprozess kann durch die PND ins Stocken geraten, da sie die werdende Mutter ständig in Angst versetzt und die Frau nicht adäquat begleitet wird.

Ein auffälliger pränataldiagnostischer Befund trifft die Schwangere immer unerwartet. Sie wird dann vor die tief greifende Entscheidung gestellt, die Schwangerschaft fortzusetzen oder zu beenden. Für sie bedeutet das einen komplexen emotionalen Verarbeitungsprozess und eine starke psychosoziale Belastung. Bei Frauen, die sich aufgrund einer PND zu einem Spätabbruch entschieden haben, ändert sich die Bindung zum ungeborenen Kind. Die Frauen trauen sich nicht mehr, diese Bindung zu ihrem Ungeborenen aufrecht zu erhalten. Sie haben Angst, dass es dann noch mehr wehtun würde. Umgekehrt gibt es inzwischen einige Frauen, die sich erst trauen eine Bindung zu ihrem ungeborenen Kind aufzubauen, wenn alle durchgeführten Pränataldiagnostiken unauffällige Befunde zeigen – mit fatalen Folgen für das Kind.

Welche Unterstützung gibt es?

Ängste aktivieren das Bindungsbedürfnis auch der Eltern. Eine Frau könnte ihre Schwangerschaft wesentlich angstfreier erleben, wenn ihr eine ihr bekannte Bindungsperson zur Seite stünde. Aus der Sicht von Brisch ist eine solche Begleitung einer Schwangeren aufgrund der Kenntnisse der Bindungsforschung nahe liegend, „weil zu erwarten ist, dass sich Schwangere, die in einer sie ängstigenden Situation betreut werden, emotional eher auf ihre vorgeburtlichen Bindungsgefühle zum Feten einlassen könnten. So wurde berichtet, dass Schwangere, die während und nach der Geburt durch eine Frau emotional begleitet wurden, sich emotional intensiver auf ihr Baby einlassen konnten und dies langfristig positive Auswirkungen auf die Eltern-Kind-Interaktion und Bindungsentwicklung hatte" (Brisch 2007, S. 802). Eine solche Begleitung in der Schwangerschaft könnte auch die Bindungsanalyse leisten.

Seit 1995 besteht im Rahmen der allgemeinen Schwangerschaftsvorsorge im Zusammenhang mit pränataler Diagnostik ein Rechtsanspruch auf psychosoziale Beratung (s. § 2 SchKG). Leider wissen die wenigsten Rat suchenden Schwangeren von diesem Sachverhalt. 2010 wurde das Schwangerschaftskonfliktgesetz um den § 2a ergänzt. Nach diesem Paragraphen müssen Ärzte bei auffälligen Befunden der PND Frauen auf ihren Rechtsanspruch auf psychosoziale Beratung hinweisen und – sofern der Wunsch besteht – Kontakte zu Beratungsstellen, Selbsthilfegruppen oder Behindertenverbänden herstellen. Obwohl mittlerweile die Pflicht besteht, in diesem

Kontext auf psychosoziale Beratung hinzuweisen, ist dies leider nach wie vor nicht die Regel.

Psychosoziale Beratung im Zusammenhang mit PND übersteigt den Horizont medizinischer Beratungsangebote bei weitem. Beispielsweise ist die psychosoziale Beratung im Vergleich zur medizinischen bedürfniszentrierter. Durch eine sorgfältige Gefühls- und Beziehungsarbeit schaffen die Berater eine Grundvoraussetzung dafür, dass sich die Klienten mit ihrer Vergangenheit und Gegenwart auseinandersetzen und spekulativ in ihre Zukunft schauen können. Nicht zuletzt ist die Sensibilisierung für die bereits entstandene Bindung zum ungeborenen Kind eine der wichtigen Aufgaben der Berater.

Aus einer Befragung ergab sich, dass betroffene Frauen sich mit der ärztlichen Beratung wenig zufrieden zeigen. Insbesondere die Beratung im Vorfeld pränataldiagnostischer Maßnahmen wies aus Sicht der Frauen erhebliche Mängel auf. Sie wünschten sich demnach eine bessere ärztliche Aufklärung und zwar bevor pränataldiagnostische Maßnahmen durchgeführt würden. In einer Befragung, die mit Gynäkologen durchgeführt wurde, zeigte sich, dass die Ärzte die gravierendsten möglichen psychosozialen Auswirkungen der PND den Schwangeren gegenüber nur schwammig, ausgewählt oder überhaupt nicht ansprechen. Die hier gemeinten möglichen Auswirkungen sind zum Beispiel Auswirkungen der mütterlichen Stressreaktionen auf den weiteren Schwangerschaftsverlauf, die Konflikthaftigkeit einer Abtreibung und die fehlenden Beratungsangebote nach einem fatalen Ausgang der Schwangerschaft. Nicht wenige Ärzte sagen ganz offen, dass sie die Schwangere, die so froher Erwartung vor ihnen steht, nicht über all die Risiken und möglichen Komplikationen aufklären wollen. Die Schwangerschaft würde dadurch ihren „Zauber" verlieren. Diese Aufklärung und Beratung ist für die Schwangere jedoch wichtig, denn pränataldiagnostische Maßnahmen stellen eindeutig erhebliche Stresssituationen für die Schwangere und ihren Partner dar.

Ist die Schwangere weder über die Risiken noch über die Konsequenzen der PND aufgeklärt, kann das zur Folge haben, dass die betroffenen Frauen bei der Mitteilung einer auffälligen Diagnose in eine akute Belastungsreaktion fallen. Typische Symptome hierfür sind beispielsweise Schock, Verzweiflung, Hilflosigkeit, Aktionismus oder Lähmung, Schuldgefühle, Depressivität, soziale Isolation, innere Distanzierung vom Kind bis hin zu „Monsterphantasien" über das Kind. Begleitet wird diese akute Belastungsreaktion von oft wechselnden heftigen Emotionen. In dieser Situation ist die Schwangere nicht fähig, Entscheidungen zu treffen, was die weitere Vorgehensweise betrifft, also mögliche weitere Maßnahmen der (invasiven) PND anzuwenden oder einen Entschluss zur Abtreibung oder Austragung eines möglicherweise behinderten Kindes zu fassen. Aus diesem Grund sollte die medizinische Indikation zum Schwangerschaftsabbruch erst nach Abklingen dieses psychischen Ausnahmezustandes gestellt werden. Da auch die Pränatalmediziner in dieser Situation unter Druck stehen, ist darauf zu achten, dass die Betroffenen nicht zu einer Entscheidung gedrängt werden.

„Auch wenn die Entscheidung bei fetalem pathologischem Befund nach ausführlicher Beratung und Bedenkzeit dieselbe bleibt, ist es doch für die Verarbeitung des Erlebten im Längsschnitt – und damit letzten Endes für die Erhaltung der psychischen Gesundheit und Vermeidung psychosomatischer Störungen – von enormer Bedeutung, dass die Entscheidung zur Beendigung bzw. zum Austragen der Schwangerschaft nach differenzierter Betrachtung aller relevanten Aspekte getroffen wird. Dazu gehören die wichtigen Beratungsthemen, wie etwa die verschiedenen Zukunftsperspektiven mit und ohne Kind" (Rohde/Woopen 2007, S. 135).

Der psychosozialen Beratung kommt eine wichtige präventive Bedeutung nicht nur in Bezug auf die aktuelle Schwangerschaft zu. Ein auffälliger PND-Befund ist ein kritisches Lebensereignis (Life Event), welches es zu verarbeiten gilt. Besonders im Hinblick auf erneute Schwangerschaften ist es wichtig, dass die Frauen gut begleitet wurden. Aus einer Studie geht hervor, dass 70% der Frauen, die einen auffälligen

PND-Befund erhielten und später erneut schwanger wurden, in der erneuten Schwangerschaft wesentlich ängstlicher waren. Ein Viertel der erneut Schwangeren gab sogar an, sich unsicherer und distanzierter gegenüber dem Ungeborenen zu fühlen, als es noch bei der vorangegangenen Schwangerschaft der Fall war.

Eine zusätzliche nicht-medizinische Begleitung in der Schwangerschaft wäre von Vorteil, beispielsweise könnte die Funktion der Hebamme in der Schwangerschaftsvorsorge gestärkt werden. Allerdings werden freie Hebammen in Deutschland systematisch aus der Geburtshilfe verdrängt durch unglaublich niedrige Honorare und unverhältnismäßig hohe Haftpflichtversicherungen. Die Frauen haben immer weniger die Möglichkeit, sich die Hebamme ihres Vertrauens auszusuchen, die sie vor, während und nach der Geburt begleitet, und sind deshalb der Anonymität von Diagnosezentren und Kliniken mit ihrem wechselnden Personal ausgeliefert. Somit fehlt die Möglichkeit, eine vertrauensvolle, dauerhafte Begleitung herzustellen, was dem Stressabbau dienlich wäre. Eine nicht-medizinische Begleitung der Schwangeren wäre auch durch eine Bindungsanalyse gegeben. Sie ist besonders hilfreich in Situationen der Pränataldiagnostik, sowie in Folgeschwangerschaften nach vorangegangener Schwangerschaft mit Komplikationen jeder Art. Die positiven Effekte einer Begleitung durch die Bindungsanalyse ist inzwischen in vielen Fällen belegt worden.

Welche Folgen kann die Reproduktionsmedizin auf die Bindung haben?

Eine künstliche Befruchtung oder *assistierte* Reproduktion wird angewandt, um ungewollt kinderlosen Paaren durch einen medizinischen Eingriff zu einer Schwangerschaft zu verhelfen. Die häufigsten Methoden sind zum Einen die *In-vitro-Fertilisation* (IVF), bei der Eizellen mit Samenzellen des Partners im Reagenzglas zusammengebracht werden, um später nach Befruchtung als Embryonen in die Gebärmutter übertragen zu werden, und zum Anderen die *Intracytoplasmatische*

Spermieninjektion (ICSI), bei der ein Spermium direkt in eine reife Eizelle eingespritzt und anschließend ebenfalls in die Gebärmutter transferiert wird.[6]

In Deutschland wurden von 1997 bis 2011 insgesamt 172.993 Kinder geboren, die durch assistierte Reproduktion außerhalb des Mutterleibes gezeugt wurden. Befruchtete Eizellen, welche in den Mutterleib eingepflanzt werden, haben eine relativ geringe Chance, sich einzunisten und heran zu reifen. Die Wahrscheinlichkeit durch eine künstliche Befruchtung schwanger zu werden und das Kind auch auszutragen ist nicht sehr hoch. Wurden befruchtete Eizellen durch *Kryokonservierung* eingefroren, ist die Wahrscheinlichkeit einer Schwangerschaft noch geringer. Selbst bei sich einnistenden Embryonen ist eine Geburt nicht garantiert. Im Jahr 2010 wurde nur bei 23,7% aller Embryonentransfers eine Geburt gemeldet. Bei den restlichen Schwangerschaften, die durch assistierte Reproduktionsmedizin zustande kamen, kam es entweder zu einer Fehlgeburt oder die Schwangerschaft wurde aufgrund einer auffälligen Pränataldiagnostik abgebrochen.

Je höher der technische Aufwand durch die künstliche Befruchtung ist, desto geringer ist die Wahrscheinlichkeit einer eintretenden Schwangerschaft und die Geburt eines Kindes. Die große Erfolgsungewissheit der Paare während der reproduktionsmedizinischen Behandlung erklärt die vielen Ängste der werdenden Mütter und Väter.

Folgen für die Eltern

Dem medizinischen Fortschritt in der Reproduktionsmedizin verdanken es viele Paare, dass sie nicht kinderlos sind. Paare, die mit Hilfe der Reproduktionsmedizin zu ihrem lang ersehnten Wunschkind kommen, haben dies oft nicht nur finanziell teuer bezahlen müssen, sondern auch mit besonderen körperlichen und psychischen Belastungen. Der intime Prozess der Zeugung, die nicht durch den Geschlechtsverkehr zustande kommen kann, wird zu einem öffentlichen Akt unter Beteiligung des medizinischen Personals. Allein die hormonelle Stimulierung stellt für die Frau eine

---

[6] Auf die ethischen und rechtlichen Probleme der assistierten Reproduktion wird in diesem Kontext nicht eingegangen.

große Belastung mit Nebenwirkungen dar. Zudem sind schmerzhafte Eingriffe in ihren Unterleib notwendig. Einige Paare fühlen sich durch das hoch komplizierte technische Vorgehen gekränkt oder entwürdigt. Männer müssen mithilfe pornografischer Fotos sich selbst befriedigen und ihr Ejakulat im Behälter abgeben. Verliert die Frau die Embryonen nach dem Transfer, stellen sich bei ihr schnell Schuldgefühle ein. Nicht alle Kinderwunschzentren bieten psychologische Betreuung für ihre Patienten an und nicht alle Eltern nehmen diese in Anspruch.

In einer Studie zeigten 25% der befragen Kinderwunsch-Patientinnen überdurchschnittliche Depressivitäts-Werte. Diese Besonderheit prägt bewusst oder unbewusst die Eltern-Kind-Bindung. Nicht selten stehen ungelöste psychische Konflikte im Zusammenhang mit einer ungewollten Kinderlosigkeit. In diesen Fällen stellen die psychischen Konflikte schon einen Risikofaktor dar, die Eltern sind möglicherweise mit ihren neuen Aufgaben überfordert.

Ute Auhagen-Stephanos ist Fachärztin für Neurologie, Psychiatrie und psychosomatische Medizin sowie Psychoanalytikerin und Bindungsanalytikerin. In ihrer 30jährigen Tätigkeit als Psychotherapeutin mit ungewollt kinderlosen Frauen hat sie viele Erfahrungen sammeln können. Aufgrund ihrer Erfahrungen ist Auhagen-Stephanos der Meinung, „dass der Übergang von körperlich bedingter und psychischer Unfruchtbarkeit fließend ist. Fruchtbarkeit und Unfruchtbarkeit sind keineswegs rein biologische Geschehen, sondern sind tief im Innern auch durch Seelenstände bedingt, die mit der Entwicklungsgeschichte der eigenen Kindheit zusammenhängen und bereits im Mutterleib geprägt werden“ (Auhagen-Stephanos 2011, S. 100).

Obwohl Frauen sich ein Kind wünschen, stellt sich oft die ersehnte Schwangerschaft nicht ein. Angst, zum Beispiel davor, sich selbst zu gefährden oder dem Leben mit einem Kind nicht gewachsen zu sein, kann ein Grund dafür sein. „Angst wirkt wie eine Anti-Baby-Pille“ (Auhagen-Stephanos 2011, S. 101). In manchen Fällen ist der Kinderwunsch eher zwiespältig. Auch Beziehungskonflikte mit dem Partner können der Grund einer Unfruchtbarkeit sein. Andere Frauen lehnen ihre Weiblichkeit ab oder sind perfektionistisch-nazistisch veranlagt und stehen sich selbst im Weg. Weitere Gründe für eine medizinisch ungeklärte (*idiopathische*) Unfruchtbarkeit können zum Beispiel sein: frühkindliche Traumatisierungen, Krankheiten, Überforderungen oder mangelndes Urvertrauen. Aber auch Fehlgeburten und Abtreibungen der eigenen Mutter, können unbewusste Blockaden auslösen: „Fruchtbarwerden ist [...] ein transgenerationales Geschehen. Störfelder der einen Generation können als Unfruchtbarkeit in der folgenden sichtbar werden" (Auhagen-Stephanos 2002, S. 225). Transgenerationale Traumata, also Traumata, die von der einen in die nächste Generation weiter gegeben werden, und ungelöste ambivalente Beziehungen zur eigenen Mutter haben demzufolge Einfluss auf die Fruchtbarkeit der Frau.

Nach neuesten Studien aus England braucht es etwa 200 spezifische Gene, die aktiviert werden müssen, damit sich ein Embryo in der Gebärmutter einnisten kann. Eine Schwangerschaft kann nur dann entstehen, wenn diese Gene nicht durch epigenetische Prozesse blockiert werden. „Die Genschalter wiederum sind eng mit dem Immunsystem verbunden, das seinerseits von der Gefühlslage der Frau beeinflusst wird" (Auhagen-Stephanos 2011, S. 104f). Seelische und biologische Vorgänge beeinflussen sich wechselseitig und sind als ganzheitlich zu betrachten. Das seelische Erleben einer Schwangeren wird in das biologische Geschehen der Schwangerschaft umgeformt und ist von der weiteren Entwicklung des ungeborenen Kindes nicht zu trennen. Häufig tauchen bei den betroffenen Paaren Schuldgefühle auf, besonders dann, wenn die Frage im Raum steht, ob möglicherweise die Psyche Einfluss auf die Fruchtbarkeit nimmt. Dabei ist niemand schuld an seinen körperlichen Reaktionen, sie geschehen einfach.

Mit Hilfe der Reproduktionsmedizin versuchen Wissenschaftler und Ärzte, diesem Symptom der Unfruchtbarkeit rein technisch beizukommen. Doch bei erfolgreichem technischem Ablauf, wenn also ein Kind auf diese Weise entsteht, ist die Enttäuschung bei allen Beteiligten oft vorprogrammiert. Das reale Kind kann häufig die

Hoffnungen und Wünsche der Eltern, die Vorgaben, welche durch die Projektion auf das Kind entstehen, nicht erfüllen.

Dazu kommt, dass die künstliche Befruchtung sich zu einem bedeutenden Wirtschaftsfaktor entwickelt hat, welcher mit einem rein technokratischen, nicht immer erfolgreichen Vorgehen Gewinne mit ungewollt kinderlosen Paaren erzielt. Wenn der Berater der Paare der finanzielle Nutznießer der medizinischen Technik ist, besteht ein grundsätzlicher, wirtschaftlich geprägter Interessenskonflikt. Zudem sind die beratenden Ärzte zwar in technischer Reproduktionsmedizin ausgebildet, jedoch nicht in der mit der Kinderlosigkeit einhergehenden systemischen Bindungsproblematik oder anderen massiven psychologischen oder psychosomatischen Hindernissen vertraut. Es fehlt der Medizin hier an Beratung, welche keinerlei Vorteile davon hat, ob sich das beratene Paar zum Beispiel für eine Psychotherapie oder eine künstliche Befruchtung entscheidet. Bei dieser momentanen Art der Vorgehensweise werden Hintergründe nur unzureichend beleuchtet.

Es steht zu befürchten, dass es noch unüberschaubare Konsequenzen für die Eltern-Kind-Beziehung und damit für die kindliche Entwicklung geben wird. Viele Paare scheuen sich davor, ihre Gefühlswelt zu ergründen, beziehungsweise zu offenbaren und suchen die Gründe der Unfruchtbarkeit nicht in seelischen Blockierungen. Für sie ist es einfacher und angenehmer, sich der Technik und den Experten zu überlassen. Jedoch sollte der Therapeut oder der Arzt „nicht primär die Wünsche eines Paares nach einem Kind erfüllen, sondern versuchen, die Wahrheit hinter dem Kinderwunsch und die Ursachen seiner psychosomatischen Verweigerung herauszufinden“ (Auhagen-Stephanos 2002, S. 13).

Die Gynäkologin und Psychotherapeutin Carmen Presch berichtet von einem Beispiel aus ihrer Praxis: Eine 28-jährige Patientin ließ sich wegen unerfülltem Kinderwunsch behandeln. Da Presch das Gefühl hatte, dass dieser Kinderwunsch „irgendwie leidenschaftslos“ sei, fragte sie genauer nach und es stellte sich heraus, dass die Patientin und ihr Mann unter einer schweren Beziehungsstörung litten und sie durch die Kinderwunschbehandlung einen Wandel ihrer Lebensführung und damit einen Ausweg aus ihren Problemen zu erreichen suchte. Nach dem Gespräch zwischen Presch und ihrer Patientin begriff diese, dass ein Kind nicht die Lösung ihrer Probleme darstellte und brach die Kinderwunschbehandlung sofort ab.

Presch kommentiert das Beispiel aus ihrer Praxis folgendermaßen: „In meinem Musterbeispiel ist der unerfüllte Kinderwunsch Symptom der gestörten Beziehung zwischen den Partnern. Von Wissenschaftlern und Ärzten wird nun versucht, diesem Symptom durch gewaltsame hormonelle Veränderungen, unbesonnene Embryonenverpflanzungen und Inseminationen beizukommen. Entsteht so ein Kind, ist die Enttäuschung bei allen Beteiligten vorprogrammiert. Damit wird die Beziehungsstörung zwischen Ärztin oder Arzt und Patientin zwar offenbar, das Versagen wird jedoch der Technik zugeschoben. Bei dieser am technischen Erfolg orientierten Medizin wird vielen Ärzten das Geschenk des Augenblicks versagt bleiben, wie ich es mit meiner Patientin erleben konnte, als ihr klar wurde, welches Problem wirklich hinter ihrem Kinderwunsch steht und sie damit der manipulativen Medizin den Rücken kehrte“ (Presch 2002, S. 35).

Die Paare benötigen daher dringend geschultes Beratungspersonal. Löst sich ein unbewusster Konflikt beispielsweise durch Beratung oder eine Therapie auf, kommt es häufig von alleine zu einer Schwangerschaft. Auhagen-Stephanos gibt an, dass die Erfolgschancen einer Psychotherapie ebenso hoch sind wie die durch die Reproduktionsmedizin. „Wie viel Leid könnte vielen erspart werden bei diesem Weg“ (Auhagen-Stephanos 2002, S. 13)?

Folgen für die Kinder

Auch an den durch künstliche Befruchtung gezeugten Kindern geht diese Prozedur nicht spurlos vorüber. Der Amerikaner Karlton Terry ist einer der international anerkanntesten Ausbilder und erfahrensten Therapeuten für Prä- und Perinatale Psychologie. Er beschreibt aus seiner Erfahrung in der Arbeit mit IVF-Babys und IVF-Kindern, dass diese „mehr Aufmerksamkeit und Zuwendung brauchen als andere Kinder“ (Terry 2004, S. 115), was oft nicht so einfach ist, da häufig Mehrlingsgeburten stattfinden und so die Eltern allein dadurch mehr beansprucht sind. In 20 – 30% der Schwangerschaften, hervorgerufen durch Reproduktionsmedizin, werden Mehrlinge erwartet. Dem stehen etwa 1% in der allgemeinen Bevölkerung gegenüber. Terry beobachtet bei IVF-Babys zudem „eine hohe Wahrscheinlichkeit für labile Stimmungen, Orientierungsschwierigkeiten bei Spiel und Kontakt mit Personen und Gegenständen, Berührungsempfindlichkeit, ADHS. Viele IVF-Babys fühlen sich nicht wohl in ihrem Körper oder haben Schwierigkeiten, ihren Körper zu ‚finden' und sich vollständig und befriedigend zu verkörpern“ (Terry 2014, S. 193). Zudem werden Babys aus der Reproduktionsmedizin häufiger per Kaiserschnitt geboren und haben zusätzlich mit den Folgen des Kaiserschnitts zu kämpfen. Näheres dazu im Kapitel „Welche Folgen kann der Kaiserschnitt auf die Bindung haben?“. Terry macht sich „Sorgen darüber, dass die IVF-Technologie erheblich weiter fortgeschritten ist als unser Verständnis der psychologischen Folgen dieser Prozedur“ (Terry 2011, S. 271).

In den Forschungsarbeiten der Epigenetik zeigen sich Hinweise darauf, dass eine künstliche Befruchtung die natürlichen Prozesse massiv stören könnte. Aus Tierversuchen ist seit längerem bekannt, dass bei einer Befruchtung durch IVF das Fehlbildungsrisiko erhöht ist. Es ist beispielsweise möglich, dass die extreme Hormonbehandlung der Mutter Eizellen heranreifen lässt, die eigentlich fehlprogrammiert sind und unter natürlichen Umständen nicht heranreifen würden. Auch das Alter der Eltern und bei einer ICSI-Befruchtung die Auswahl der – möglicherweise fehlerhaften – Samenzelle des Mannes oder das biochemische Milieu des Reagenzglases, in dem die befruchtete Eizelle aufbewahrt wird, sind Faktoren, die in der Epigenetik noch nicht bis ins Detail erforscht worden sind. Zudem ist noch ein großer Forschungsbedarf festzustellen, welche Auswirkungen die künstliche Befruchtung auf das Epigenom der Eizelle hat. Deshalb sind die Forscher der Epigenetik davon überzeugt, dass die Auswirkungen einer künstlichen Befruchtung noch nicht überschaubar sind, da die epigenetische Programmierung oft erst in einem Jahrzehnte später auftretenden Erkrankungsrisiko zutage kommt. Insgesamt gelten Schwangerschaften, die durch assistierte Reproduktionsmedizin zustande kommen, als medizinisch riskant.

Folgen für die Mutter-Kind-Bindung

Die eigenen Kindheitserfahrungen besitzen offensichtlich eine hohe Bedeutung für die eigene elterliche Kompetenz. In einer Studie mit Kinderwunschpaaren wurde untersucht, ob es möglicherweise unaufgelöste Verstrickungen in ihrer Herkunftsfamilie oder verminderte intergenerationale Abgrenzungen zu dieser gebe. Es zeigte sich tatsächlich bei den Befragten eine deutlich stärkere Bindung an die eigene Mutter mit häufigeren Kontaktaufnahmen, jedoch wurde gleichzeitig die Paarbeziehung der Herkunftsfamilie seltener mit einem Vorbildcharakter und das Erleben der eigenen Kindheit seltener als positiv beschrieben. Diese Ergebnisse deuten auf eine ambivalente Bindung der Befragten zu ihren Müttern hin und auf Schwierigkeiten, die eigene Familie von der Herkunftsfamilie abzugrenzen. Des Weiteren konnten eine Reihe Auffälligkeiten aufgezeigt werden, wie beispielsweise eine geringere soziale Aufgeschlossenheit, Konfliktvermeidung, emotionale Reserviertheit und eine im weiteren Verlauf abnehmende Zufriedenheit mit der Partnerschaft. Aufgrund dieser Ergebnisse wird vermutet, dass bei Paaren aus der Reproduktionsmedizin und ihren Kindern Eltern-Kind-Bindungen gefährdet sein können.

Die Schwangerschaft nach künstlicher Befruchtung ist mit deutlich erhöhten Angst- und Depressivitätswerten gekennzeichnet, sie gilt als Risikoschwangerschaft und wird auch häufiger durch Kaiserschnitt beendet. Weltweit ist die Kaiserschnittrate von Einlingen nach künstlicher Befruchtung etwa viermal so hoch wie nach spontaner Befruchtung. Außerdem sind vermehrte Schwangerschaftskomplikationen, intrauterine Wachstumsverzögerungen der Feten, Mehrlingsschwangerschaften und Frühgeburten zu nennen, die Risikofaktoren darstellen im Übergang zur Elternschaft und deren psychische Befindlichkeit. Das könnte die Entstehung der Mutter-Kind-

Bindung gefährden. Auch zeigte sich, dass Schwangere nach künstlicher Befruchtung das Kind in ihrem Bauch unter medizinisch-technischen Wachstumsbedingungen betrachten. Sie haben kaum die Möglichkeit seelischen Kontakt zu ihrem Kind aufzunehmen, vielmehr scheinen sie nur Kontakt zu ihrem Kind zu haben, wenn sie medizinisch untersucht werden, ansonsten haben sie kaum die Fähigkeit, ihr Kind wirklich wahr zu nehmen.

Einige Studien über Kinder, die mit Hilfe der assistierten Reproduktion zur Welt kamen, zeigen überdurchschnittlich günstige kognitive Entwicklungen im Vergleich zu den Kindern, die unter natürlichen Umständen gezeugt wurden. Diese Befunde beziehen sich dann allerdings meist auf reif geborene Einlinge. Der günstige Befund wird dadurch erklärt, dass die Eltern selbst meist älter und reifer sind, öfter über einen höheren Bildungsstand verfügen und zugleich unter günstigen und stabilen sozioökonomischen Verhältnissen leben. Auch die hohe Erwünschtheit der Kinder sei hier ausschlaggebend für die bessere kognitive Entwicklung. Die Verteilung der Bindungsmuster im 12. Lebensmonat unterscheidet sich allerdings nicht von der der Normalpopulation. Das bedeutet, dass trotz der hohen Erwünschtheit keine höhere Rate der Bindungssicherheit entstanden ist.

Dem gegenüber stehen allerdings auch Studien, die IVF-Kleinkindern im Vergleich zur Normalpopulation vermehrt frühkindliche psychosomatische Auffälligkeiten wie beispielsweise Schlaf- und Fütterstörungen und Verhaltensschwierigkeiten bescheinigen. In der Studie von Bindt zeigten IVF-Kleinkinder zusätzlich höhere Ängstlichkeit und höhere Trennungsangst. Hier sind die IVF-Mütter durchgehend als weniger feinfühlig aufgefallen. Zehnjährige IVF-Kinder werden von ihren Lehrern vermehrt als sozial und emotional auffällig beschrieben, zudem weisen sie höhere Depressivitäts- und Ängstlichkeitswerte auf. Manche Studien bescheinigen den Eltern eine überfürsorgliche Beziehungstendenz mit Trennungsschwierigkeiten der Kinder und vermehrter kindbezogener Besorgnis. IVF-Eltern erleben ihre Kinder häufiger als schwieriger und sich selbst als verletzlicher. Diese Ergebnisse deuten auf ein vermindertes elterliches Kompetenzgefühl hin mit gleichzeitigen hohen Ansprüchen an die eigene Elternschaft. Bei IVF-Zwillingseltern lassen sich im Vergleich zu Eltern mit Zwillingen nach Spontankonzeption besonders ausgeprägte Schuldgefühle feststellen. Sie berichten außerdem häufiger von Stressbelastungen im Umgang mit ihren Kindern und von eigenen gesundheitlichen Problemen. Allgemein sind Mehrlingsmütter vermehrt und langfristig psychisch beeinträchtigt.

Präventive Ansatzpunkte

Auhagen-Stephanos entwickelte eine – an die Bindungsanalyse[7] angelehnte – Therapiemethode, die Paaren in der Reproduktionsmedizin zu einer Schwangerschaft verhelfen soll, die dann bestehen bleibt. In dieser Therapiemethode lernen die Frauen in einen Mutter-Kind-Dialog zu treten, noch bevor sich der Embryo eingenistet hat. Die Bindung zum Kind wird hier schon aufgebaut, noch bevor die Frau schwanger ist. Aus diesem Grund überschreibt Auhagen-Stephanos ihren Aufsatz mit „Die Bindung beginnt vor der Zeugung". So versucht sie zu erreichen, dass die Frauen sich psychisch auf eine Schwangerschaft vorbereiten, so dass diese dann auch eher eintritt. Nach diesem Vorgehen könnte eine These lauten, dass bevor eine Schwangerschaft eintritt, erst die psychischen Grundvoraussetzungen erfüllt sein müssen. Die Partnerschaft sollte sich in einem harmonischen, psychohygienisch gesunden Zustand befinden. Beide Partner sollten zueinander stehen und sich den Kinderwunsch reflektiert begründen können. Die Frauen sollten die Schwangerschaft also bewusst wie auch unbewusst wollen und sich mental darauf vorbereiten. Die Bindung zum Kind wird angebahnt, bevor die Schwangerschaft entstanden ist. Laut Auhagen-Stephanos wurden Frauen, die an dem Mutter-Embryo-Dialog teilnahmen, schwanger, obwohl zuvor viele Versuche der künstlichen Befruchtung erfolglos geblieben waren. Sie ist zudem der Meinung, dass eine künstliche Befruchtung immer mit einer begleitenden Beratung, wie beispielsweise der Bindungsanalyse, einhergehen sollte.

---

7 siehe ausführlicher Kapitel „Wie fördert die Bindungsanalyse die Mutter-Kind-Bindung?"

Auf Seiten der Paare ist ein mangelhaftes Wissen um die Aspekte der Fruchtbarkeit festzustellen. Die Fortpflanzungsfähigkeit steht in direkter Relation zum Alter der Frau: „Der optimale Zeugungszeitpunkt ist bei Frauen etwa im 25. Lebensjahr, er verringert sich mit jedem weiteren Lebensjahr und fällt steil nach dem 35. ab" (Fischer 2005, S. 41). Vielfach gehen Paare davon aus, dass ihnen die Möglichkeiten der Reproduktionsmedizin zeitlich unbegrenzt zur Verfügung stehen. Dabei sind die Paare nicht über die Realisierungschancen informiert, was große Enttäuschungen vorprogrammiert.

Wie entwickelte sich die Pränatalpsychologie?

Entwicklungspsychologische Untersuchungen zeigen deutlich die Lern- und Kommunikationsfähigkeit des ungeborenen Kindes im Mutterleib. In der Psychologie, der Medizin sowie im allgemeinen Verständnis der Gesellschaft wird die Bedeutung der prä- und perinatalen Erlebnisse für die psychische Entwicklung noch immer kaum beachtet, so steckt die Psychologie und Psychotherapie der vorgeburtlichen Lebenszeit noch in den Kinderschuhen. Sie beschäftigt sich mit psychologischen Aspekten der vorgeburtlichen Zeit, also von der Zeugung bis zur Geburt. Schon immer hat es ein intuitives Wissen um die Bedeutung der vorgeburtlichen Beziehung gegeben. Früher glaubte man, dass bestimmte Erlebnisse der Schwangeren zu schicksalhaften Prägungen des Kindes führen würden. Der Pädagoge Johann Amos Comenius (1592-1670) schrieb eine Art Erziehungsratgeber. Laut Comenius sollen erzieherische Bemühungen sogar schon vor der Geburt, also pränatal, beginnen: „Wir dürfen also vom Augenblick der Empfängnis an ja schon seit der Zeit davor, wenn die Eltern sich entschließen, einen Nachkommen zu zeugen, bis zu dem Tag, da sie ihr wohlgebildetes und neugeborenes Kind vor sich sehen, den werdenden Menschen nicht außer acht lassen" (Comenius 1991, S. 157). Während der Schwangerschaft soll die Frau auf ihre Gesundheit und Sittsamkeit achten: „Denn alles, was die Mutter tut und leidet, wird dem Körper und der Seele des Kindes eingeprägt" (Comenius 1991, S. 159). Mit diesen Aussagen war Comenius für seine Zeit sehr fortschrittlich.

Als Pioniere der heutigen wissenschaftlichen pränatalen Psychologie gelten Otto Rank und Gustav Hans Graber mit ihren Werken „Das Trauma der Geburt“ und „Die Ambivalenz des Kindes“, beide 1924 erschienen, die allerdings erst siebzig Jahre später entsprechend Beachtung fanden. In der Mitte des 20. Jahrhunderts beschäftigten sich Psychoanalytiker, wie beispielsweise der aus Ungarn stammende Amerikaner Nandor Fodor und sein Schüler, der Engländer Francis Mott, mit den Parallelen von Träumen, insbesondere Alpträumen, und real erlebter Geburtstraumata. Sie nahmen an, dass sich in Träumen auch vorgeburtliche und geburtliche Erfahrungen ausdrücken können und gingen der Frage nach, wie sich ein Baby im Bauch der Mutter selbst erlebt und wie sich dieses Erleben im Traum eines erwachsenen Menschen zeigen kann.

In den 1960er-Jahren machte der schwedische Arzt Lennart Nielsen[8] Fotos von Embryonen und Feten, zeitgleich wurde die Ultraschalltechnik vermehrt eingesetzt. Seit der Entwicklung der Ultraschalltechnik ist es möglich, das Ungeborene in seinem Erleben und mit seinem Verhalten über die Zeit der Schwangerschaft zu beobachten. Hierzu wurden sehr eindrucksvolle Studien durchgeführt, beispielsweise von der italienischen Psychoanalytikerin Alessandra Piontelli. Sie beobachtete nicht nur die Ultraschalluntersuchungen der Schwangeren, sondern war auch während der Geburten zugegen und begleitete die Kinder anschließend bis zu einem Alter von sechs Jahren. Die Langzeitbeobachtungen sind sehr eindrücklich und legen nahe, dass das Verhalten eines Babys im Bauch der Mutter so etwas wie ein Spiegel des mütterlichen Erlebens ist. Die immense Bedeutung des Grundsteins der psychischen Entwicklung, der schon während der Schwangerschaft gelegt wird, lässt sich durch solche Langzeitbeobachtungen erahnen.

In den 1970er Jahren experimentierte der tschechische Psychiater Stanislav Grof mit der bewusstseinserweiternden Substanz LSD. Durch die Einnahme dieser Substanz werden Gehirnbereiche aktiviert, die ein Wiedererleben früher und frühester Erfahrungen zur Folge haben können. Grof gelang es, das emotionale Erleben seiner

---

8 s. Bilddokumentation „Ein Kind entsteht“, Nielsen 1995

Probanden zu erfassen, welches sie während ihrer eigenen Geburt erlebt haben. Er konnte zeigen, dass unsere Traumata wie die Schalen einer Zwiebel übereinander liegen und sich gegenseitig beeinflussen. Im Innersten, meinte Grof, sei unser Geburtstrauma verborgen, das ein Ursprung von Gewalt, Krieg und Zerstörung sein könne.

Schließlich wurde 1971 durch die Gründung der Internationalen Studiengemeinschaft für Pränatale und Perinatale Psychologie und Medizin (ISPPM) ein Forum für die pränatale Psychologie geschaffen, die sich der wissenschaftlichen Erforschung der frühesten Phase der menschlichen Entwicklung vor, während und nach der Geburt sowie ihren lebenslangen Auswirkungen widmet.[9]

Durch die Erkenntnisse der pränatalen Psychologie ist es möglich, die Zusammenhänge zwischen prä-, peri- und postnatalen Traumatisierungen und späteren Lebenskrisen zu erkennen. Wie bedeutend die Erfahrungen um die Geburt und aus der Zeit der Schwangerschaft für das ganze Leben sein können, ist nicht nur aus der Psychotherapie schon lange bekannt, sondern konnte inzwischen von wissenschaftlichen Forschungen in Neurobiologie, Stressforschung, Psychotraumatologie, Hirnforschung und Epigenetik bestätigt werden.

In Anlehnung an die „Rechte des Kindes" der UN Konvention, welche das Kind mit seinen eigenen Rechten anerkennen will, und aufgrund der Forschung zur frühen Entwicklung des Kindes, vor allem der pränatalen Entwicklung, entwarf die ISPPM im Jahr 2005 die „Charta der Rechte des Kindes vor, während und nach der Geburt"[10]. Diese Rechte sollen dokumentieren, dass das individuelle und soziale Leben des Kindes bereits vor der Geburt beginnt und die Zeit vor, während und nach der Geburt als ein Kontinuum zu betrachten ist. Das Kind ist auch schon vor der Geburt ein eigenständiges menschliches Wesen. In diesem Sinne sollen die Rechte des Kindes um die Zeit seines vorgeburtlichen Daseins erweitert werden. Diese Rechte

9 vgl. http://www.isppm.de

10 siehe Anhang, die Charta ist auch auf der Homepage der ISPPM einzusehen.

der Charta der ISPPM sollen Frauen in Schwangerschaftskonflikten oder Ärzte, die Abtreibungen durchführen, nicht diskriminieren. Deshalb stehen diese Rechte in Beziehung zu den Rechten anderer Personen, insbesondere der Mutter, wie im Zusatz eingefügt worden ist.

Welchen Einfluss hat die Psyche auf die Schwangerschaft?

In der psychosomatischen Medizin werden die körperlich-seelischen Wechselwirkungen untersucht im Hinblick auf Entstehung, Verlauf und Behandlung von Erkrankungen. Das so genannte „holistische Modell" in der psychosomatischen Medizin geht davon aus, dass jede Erkrankung psychosoziale Aspekte birgt. Aus diesem Grund ist es sinnvoll, dass Ärzte grundsätzlich eine ganzheitlich psychosomatische Betrachtungsweise gegenüber dem Patienten einnehmen. Diese Betrachtungsweise betrifft sowohl die Entstehung einer Erkrankung als auch deren Auswirkungen auf den Patienten und sein soziales Umfeld. In der Frauenheilkunde wird deutlich, wie eng die Psyche und der Körper miteinander verbunden sind. Besonders eine Schwangerschaft und die bevorstehende Mutterrolle bewirken einen Wandel der sozialen Stellung der Frau in ihrer Umwelt. Die Auseinandersetzung mit den neuen mütterlichen Aufgaben formt ein inneres Bild der Mütterlichkeit, was zwangsläufig mit einer Reaktivierung eigener Kindheitserinnerungen einhergeht.

Schwangerschaftsbeschwerden und -komplikationen können, wie erwähnt, einen psychischen Hintergrund haben. Zu den häufigsten Komplikationen zählen die Schwangerschaftsübelkeit, vorzeitige Wehen und die Präeklampsie, die im Folgenden kurz beschrieben werden: Unter einer *Hyperemesis gravidarum* versteht man anhaltendes, nicht stillbares Erbrechen während der frühen Schwangerschaft. Sie gilt als die bekannteste psychosomatische Schwangerschaftsstörung. Sie kann auftreten, wenn die Schwangerschaft verstärkt mit ambivalenten Gefühlen einhergeht und dadurch entstehende Konflikte nicht konstruktiv gelöst werden können. Auf somatischer Ebene kann sich dieser Konflikt in der Schwangerschaftsübelkeit ausdrücken. Faktoren, die in einem engen Zusammenhang mit der Hyperemesis gravidarum stehen, können Verleugnungstendenzen und Überkontrolliertheit sein, sowie Schwierigkeiten, sich vom Elternhaus abzulösen und eine enge oder unsichere Mutterbindung.

Vorzeitige Wehen sind Kontraktionen der Uterusmuskulatur vor der 37. Schwangerschaftswoche. Diese können durch Infektionen, äußere Umstände, aber auch durch psychische Faktoren ausgelöst werden. Als vorhersagende Faktoren für das Auftreten einer vorzeitigen Wehentätigkeit[11] wurde die Kombination zweier Variablen ermittelt: lebensgeschichtlich schwerwiegende Ereignisse und chronische Spannungs- und Belastungssituationen in der Familie. Weitere voneinander unabhängige Bedingungen sind eine nicht ausreichende Fähigkeit der Konfliktlösung sowie chronische Belastungen bei der Arbeit, ferner die Qualität der Beziehung zum ungeborenen Kind, die Geburtserwartung sowie die gedankliche und gefühlsmäßige Vorwegnahme der Zukunft mit dem Kind.

Etwa 4% – 5% der Schwangeren leiden an der so genannten Präeklampsie oder dem dieser Erkrankung ähnlichen HELLP-Syndrom. Früher waren diese Schwangerschaftskomplikationen auch bekannt unter Gestose oder Schwangerschaftsvergiftung. Diese Komplikationen sind gekennzeichnet durch Bluthochruck, Eiweiß im Urin und Ödemen bis hin zu Krampfanfällen[12]. Neben Blutungen sind sie bis heute die häufigsten tödlichen Schwangerschaftskomplikationen. Die Ursachen sind nicht eindeutig geklärt, jedoch gibt es vielversprechende Heilansätze in Studien, die psychodynamisch ausgerichtet sind. Bei Patientinnen mit solchen Komplikationen tauchten sehr häufig Besonderheiten in der Beziehung zur Mutter, zum Vater und später zum Ehemann auf. Diese Patientinnen wuchsen häufig in einer Mutter-Kind-Beziehung mit ambivalenten Botschaften auf: einerseits einem grenzenlosen Mutterideal und andererseits einer Atmosphäre ständiger Überforderung. Dadurch war es ihnen nicht ausreichend möglich, eine gesunde Weiblichkeit und Mütterlichkeit zu entwickeln.

---

[11] zu weiteren psychischen Faktoren in Zusammenhang mit vorzeitigen Wehen siehe Kapitel „Wie beeinflusst eine Frühgeburt die Bindung?“

[12] eine genauere Begriffserklärung befindet sich im Glossar

Die daraus folgende Beziehung zu sich selbst und zu dem ungeborenen Kind zeigt sich auf der körpelichen Ebene als Gestose. Häufig beobachtet wird bei solchen Komplikationen ein „Zweitgenerationentrauma", das bedeutet, dass der Ursprung dieser Erkrankung in einer schweren Traumatisierung der Großmutter liegt. Wieder taucht hier die transgenerationale Weitergebe von Bindung auf und dass eine sichere Bindung sich direkt auf die Gesundheit der Schwangeren und das Ungeborene auswirkt.

Aus der Bayrischen Perinatalerhebung ist bekannt, dass es nach Schwangerschaften mit psychosomatischen Störungen, wie vor allem der Hyperemesis gravidarum und vorzeitigen Wehen mit medikamentöser Hemmung der Wehentätigkeit, nach der Geburt vermehrt zu kindlichen Verhaltensstörungen wie exzessivem Schreien kommt. Durch intensive psychotherapeutische Arbeit können die Symptome meist zeitnah gelindert oder gar gestoppt werden.

Weil der Einfluss psychosozialer Faktoren auf Verlauf und Ausgang der Schwangerschaft ersichtlich ist, werden Schwangerschaftskomplikationen als Ausdruck unzureichender Anpassungsleistung verstanden. Die Perinatalmedizin betrachtet diesen Prozess allerdings vorwiegend aus der medizinischen Perspektive. Da eine Schwangerschaft aber nicht nur biologische, sondern auch intra- und interpersonale Anpassungsprozesse erfordert, sollte dem psychischen und sozialen Bereich mehr Aufmerksamkeit geschenkt werden. Eine angemessene Betreuung in der Gynäkologie und Geburtshilfe beinhaltet deshalb immer eine individuelle Betrachtung, die neben körperlichen auch psychische und soziale Faktoren beinhaltet.

Wie werden Erfahrungen an die nächste Generation weiter gegeben?

Bei Müttern und Vätern werden durch das empathische Miterleben der Entwicklungsphasen ihres Kindes eigene Wünsche und Bedürfnisse wach. Diese wiederum wecken frühe Erfahrungen ihrer eigenen Kindheit. Gerade weil die Eltern parallel zu der Entwicklung ihres Kindes gleichzeitig ihre eigene Kindheit noch einmal innerlich erleben, sind die frühen Bindungserfahrungen zu den eigenen Eltern wichtig. Schon Siegfried Bernfeld, ein Reformpädagoge und Psychoanalytiker, der von 1892 bis 1953 lebte, erkannte das: „So stehen Eltern immer vor zwei Kindern, dem zu erziehenden vor ihnen und dem erzogenen in ihnen" (Bernfeld 1928/1967, S. 141). Waren die Bindungserfahrungen zu den eigenen Eltern belastend und konfliktreich, kann sich daraus eine Negativ-Spirale entwickeln. Die aggressive Seite der Beziehungen kann zum Vorschein kommen, wobei es zum Verwischen der Grenzen zwischen aktueller und vergangener Eltern-Kind-Beziehung kommen kann. Durch die Entwicklungsphasen des Kindes werden vergangene elterliche Konflikte wieder belebt. Das erklärt auch die Beobachtung, dass manche Mütter mit bestimmten Phasen des Kindes gut zurechtkommen und mit anderen nicht.[13]

Während der Schwangerschaft beschäftigen sich die werdenden Mütter mit der Beziehung zu ihrer eigenen Mutter. Sie streben danach, sich mit ihrer eigenen Mutter zu versöhnen und sich mit ihr positiv zu identifizieren. Gelingt das nicht, so bleibt die eigene mütterliche Kompetenz geschwächt. Eine Ablösung von den Eltern ist Voraussetzung, um Verantwortung für die Kinder zu übernehmen. Eine emanzipierte Haltung zu den Eltern ist notwendig und eine solche sollten Eltern auch bei den eigenen Kindern zulassen. Eine schwangere Frau, die noch in einer engen Bindung mit ihrer Mutter lebt, kann psychisch nur schwer zur Mutter ihres werdenden Kindes reifen. Je geringer die Emanzipation von der eigenen Mutter ist, desto größer ist die Gefährdung für das ungeborene Kind. Ungelöste Mutter-Tochter-Konflikte können von Generation zu Generation weiter gegeben werden. Nicht nur Bindungsmuster, wie bereits im Kapitel „Grundlagen der Bindungstheorie" beschrieben, werden transgenerational weitergegeben, sondern auch ungelöste Konflikte und Traumata.

Erlebt die Schwangere Schicksalsschläge, wie beispielsweise den Tod der eigenen Mutter, kann es dazu kommen, dass sie den Verlust unbewusst durch das ungeborene Kind ersetzt. Dadurch kommt es zur Verwischung der Körpergrenzen zwischen der

13 siehe hierzu Selma Fraibergs „Geister in den Kinderstube" (Fraiberg et al. 2011), auch Kapitel „Wie kann das Schreien der Babys alte Gefühle bei den Eltern wecken?"

Schwangeren und dem ungeborenen Kind. Entwicklungsstörungen des pränatalen Kindes können die Folge sein. Ebenso können andere Komplikationen während der Schwangerschaft, wie Blutungen und Hämatome der Frau oder die Steißlage des Fötus, im Zusammenhang mit Verlusten und Konflikten gesehen werden.

Während der pränatalen Bindung verläuft eine unbewusste Kommunikation zwischen Mutter und Kind. In der Bindungsanalyse[14] sind die verinnerlichten und transgenerationalen Muster übertragbarer pränataler Erfahrungen unter dem Begriff des intrauterinen Mutterrepräsentanten bekannt. Ein möglicher Zusammenhang wird von den beiden ungarischen Psychoanalytikern György Hidas und Jenö Raffai so formuliert: „Der als unerwünschtes Kind aufgewachsene und später zum Elternteil gewordene Erwachsene lebt grundsätzlich in einem emotionalen Mangelzustand, im Unglück und in Aussichtslosigkeit gegenüber Beziehungen. Aus verschiedenen Gründen [...] bekommt er ein Kind oder Kinder. Bei deren Erziehung wiederholt er aber unbewusst das Muster seiner Eltern und er vernachlässigt sein Kind ebenso, wie er von seinen Eltern vernachlässigt wurde“ (Hidas/Raffai 2006, S. 60).

Alle Erfahrungen, die wir gemacht haben, wirken in uns weiter. Und wir geben diese Erfahrungen an unsere Kinder, die nächste Generation, weiter. „Die Traumata der vorigen Generationen wirken in jedem von uns nach und bewegen dazu, ihnen zu folgen, und sie bewegen auch ungeborene Kinder heute noch, diesen Spuren zu folgen, die unbewusst und verdrängt in ihren Eltern liegen“ (Blazy 2011, S. 28). Darum ist es so wichtig, diese Zusammenhänge reflektierbar zu machen, um aus diesen Verknüpfungen herauswachsen zu können und sie nicht zu wiederholen.

Welche Rolle spielt die Psyche im Bezug auf vorzeitige Wehen?

Wie bereits im Kapitel „Welchen Einfluss hat die Psyche auf die Schwangerschaft?“ beschrieben wurde, können auch psychische Faktoren Auslöser für vorzeitige Wehen sein. Oft ist zu beobachten, dass in der Lebensgeschichte Frühgeborener schon

[14] siehe hierzu ausführlicher Kapitel „Wie fördert die Bindungsanalyse die Mutter-Kind-Bindung?“

pränatal deutliche Störungen oder Brüche in der Beziehung zu den Eltern zu verzeichnen sind. „Es scheint, als sei diesen Kindern der Aufenthalt in utero vergällt worden, als sei der Mutterleib zu wenig bergend für sie gewesen, zu bedrohlich gar" (Friedrich 2011, S. 286). Die Psychoanalytikerin Barbara Friedrich bescheinigt dem pränatalen Kind ein so weit ausgereiftes Nervensystem, „dass es physisch in der Lage ist, die Verzweiflung der Mutter, ihre Ängste, ihre Traurigkeit, ihre Wut, ihre Verwirrung oder unbewusste Austreibungswünsche wahrzunehmen" (Friedrich 2011, S. 286). Zu früh geborene Kinder kommen ihrer Meinung nach nicht deshalb in die Therapie, weil sie zu früh geboren sind, sondern, weil der Frühgeburt immer eine vorgeburtliche Geschichte der Eltern voraus ging.

Das gleiche Ergebnis wurde erzielt in über 3000 Mutter-Kind-Bindungsanalysen. Hier bestätigte sich, dass Frauen, die zu Fehl- oder Frühgeburten neigen, mit eigenen generationsübergreifenden ungelösten Konflikten belastet waren. Ideal wäre, wenn Eltern bei drohender Frühgeburt bereits psychotherapeutische Hilfe bekommen, um sich mit ihrer eigenen Geburt und ihren inneren Elternbildern auseinandersetzen zu können.

In der Praxis der deutschen Gynäkologin Carmen Presch liegt die Frühgeburtenrate bei 2,4 Prozent, während die Frühgeburtenraten in Deutschland bei 9% liegt[15]. Sie ist fest davon überzeugt, dass diese geringe Frühgeburtenrate mit der intensiven Beziehung zusammenhängt, die sie ihren Patientinnen anbietet und ihnen damit das Gefühl gibt, „gehalten" zu werden. Sie befürwortet, dass Gynäkologen sich ein Stück weit von der Technik lösen und sich zu der Patientin hinwenden und auf sie als Person eingehen.

Eine Längsschnittstudie zur Verarbeitung einer Fehlgeburt[16] brachte Ergebnisse über die psychische Verfassung der Fehlgeburtspatientinnen im Vergleich zu Schwangeren ohne Fehlgeburt: Hier gab ein beträchtlicher Teil der Fehlgeburtspatientinnen an, „schon einmal unter depressiven Verstimmungen (42%) und Ängsten

15 siehe Kapitel „Wie beeinflusst eine Frühgeburt die Bindung?"
16 ungewollte frühe Schwangerschaftsverluste

(38%) gelitten zu haben, signifikant häufiger als Schwangere (16% Depressionen [...] 9% Ängste[...])“ (Beutel et al. 1996, S. 251). Diese Ergebnisse machen deutlich, dass nicht nur biologische, sondern auch psychische und soziale Faktoren Einfluss auf die Schwangerschaft haben und damit auch auf die Mutter-Kind-Bindung.

Auch konnte festgestellt werden, dass die Qualität der Partnerschaft einen entscheidenden Einfluss auf den Schwangerschaftsverlauf und Frühgeburtlichkeit hat. Dies bestätigt eine Studie, in welcher rund 80% der Frühgeburten durch bestimmte Merkmale in der Partnerschaftsqualität vorhergesagt werden konnten. Demnach ist eine glückliche Partnerschaft ein Schutzfaktor im Hinblick auf eine Frühgeburt.

In weiteren Studien wurde gezeigt, dass es bei Schwangeren mit vorzeitigen Wehen überdurchschnittlich häufig zu einer Frühgeburt kam, wenn sie geringe Fähigkeiten hatten, ihre eigenen Ressourcen zu erkennen und auch wenig Vertrauen darin, dass sie die anstehenden Situationen meistern werden. Zuversichtliche Frauen hatten häufiger komplikationslose Schwangerschaften und Geburten, wohingegen ängstliche und unsichere Frauen zu vorzeitigen Wehen und Frühgeburten neigten. Aufgrund dieser Ergebnisse kann durch bestimmte Faktoren eine Frühgeburt als wahrscheinlich vorhergesagt werden. Besonders effektive Prävention im Bereich vorzeitiger Wehen und damit der Frühgeburten leistet zum Beispiel die Bindungsanalyse, denn wenn eine Schwangere bindungsanalytisch begleitet wird, kommt es nur in 0,2% zu Frühgeburten.

Hat eine Fehlgeburt Auswirkungen auf eine Folgeschwangerschaft?

Fehlgeburten oder auch medizinisch begründete Schwangerschaftsabbrüche können einigen Studien zufolge nachhaltige seelische Folgen für die betroffenen Frauen haben. Reaktionen wie Trauer, Ärger, Enttäuschung, Schuldgefühle und Gefühle des Versagens sind normal. Nicht selten kann es nach einer Fehlgeburt auch zu Symptomatiken wie depressive Verstimmungen, Ängste, psychovegetative Beschwerden oder Schlaflosigkeit kommen, welche Monate bis Jahre anhalten können. Mehr als 42% der Frauen zeigen innerhalb des ersten Jahres nach Schwangerschaftsverlust

Angstsymptome, bei 25% sind vier Wochen nach dem Verlust die Kriterien einer posttraumatischen Belastungsstörung (PTBS) erfüllt.

Kommt es nach einer Fehlgeburt zu einer erneuten Schwangerschaft, ist das Befinden der Schwangeren stark geprägt von der Trauerbewältigung und dem Verarbeitungsprozess der Fehlgeburt. Besonders in den ersten Schwangerschaftsmonaten kommt es häufig zu einer Störung des seelischen Gleichgewichts der Frau, was sich in schwangerschaftsbezogenen Ängsten äußert. Auch das Risiko für Schwangerschaftsbeschwerden und -komplikationen ist nach einer Fehlgeburt erhöht. Aus der klinischen Praxis ist bekannt, dass Fehlgeburten einen besonderen Risikofaktor für pränatale Bindungsstörungen bei der nachfolgenden Schwangerschaft darstellen können. Förderlich für die Verarbeitungsprozesse der Frau ist besonders eine gute Unterstützung des Partners sowohl nach einer Fehlgeburt als auch in einer erneuten Schwangerschaft. Sie wirkt damit schützend in Bezug auf Ängste und depressive Störungen und in Folge dessen auch auf die Gesundheit des ungeborenen Kindes.

Eine Längsschnittstudie, veröffentlicht im Jahr 2006, befasste sich mit Kindern, die geboren wurden, nachdem ihre Mutter zuvor eine Totgeburt erlitten hatte. In dieser Studie waren einige Mütter durch das Erlebnis der Totgeburt stark traumatisiert, was offensichtlich nicht ohne Folgen für die danach geborenen Kinder blieb. Zur Erfassung möglicher Vorhersagevariablen hinsichtlich der Entstehung einer ADHS kam die Studie zu folgendem Ergebnis: „Unbewältigt-desorganisiertes Trauern, während der Schwangerschaft […] war der robusteste Prädiktor des ‚möglichen' Eintretens einer ADHS" (Pinto 2011, S. 274). Dies belegt, dass der Zusammenhang zwischen nicht verarbeiteten Traumata und einer ADHS so groß ist, dass das Eintreten einer ADHS mit ziemlicher Wahrscheinlichkeit vorhergesagt werden kann.

Der aus Ungarn stammende Psychologe, Psychotherapeut und Bindungsanalytiker Jenö Raffai beschreibt einen Fall aus seiner Mutter-Kind-Bindungsanalyse. Eine Frau hatte bereits zwei Fehlgeburten jeweils in der 17. Schwangerschaftswoche. Als die Frau ein drittes Mal schwanger wurde, betrachtete sie die Bindungsanalyse als ihre letzte Chance. Es stellte sich heraus, dass diese Frau selbst große Schwierigkeiten in der Beziehung zu ihrer eigenen Mutter aufwies. Ihre Mutter war geschieden, viel allein und litt an Depressionen und vielen organischen Krankheiten. Die Klientin konnte sich von ihrer Mutter nicht abgrenzen, war der Mutter hörig, leistete ihr Gesellschaft in den einsamen Stunden. Raffai stellt die Vermutung auf, dass es einen Zusammenhang zwischen ihren Schuldgefühlen der Mutter gegenüber und den Fehlgeburten gab. Laut Raffai „kämpften" innerlich die eigene Mutter und das Ungeborene um die Schwangere. Kurz vor der kritischen 17. SSW forderte er die Frau auf, sich entweder für ihre Mutter zu entscheiden und selbst Kind zu bleiben, oder sich für ihr Kind zu entscheiden und selbst Mutter zu werden. Die Frau entschied sich bewusst für ihr Kind. Das Baby überlebte die 17. SSW, wurde in der 40. Woche geboren und war gesund. Raffai schätzt, dass bei jeder dritten Schwangerschaft Komplikationen auftreten, bei denen es sich um Mutter-Tochter-Konflikte handelt.

Welche Auswirkungen haben Traumatisierungen während der Schwangerschaft?

Von der Existenz pränataler Traumatisierung gehen inzwischen viele Pränatalforscher aus. Schon während der Schwangerschaft kann das ungeborene Kind Erfahrungen mit extremen Belastungen und Todesnähe machen. Beispiele hierfür könnten sein: eine bedrohliche Erkrankung der Mutter, toxische Einflüsse (Vergiftungen jeder Art), Störungen der Sauerstoff- und Nahrungszufuhr, überlebte Abtreibungsversuche[17] und andere Arten der Gewalt gegenüber dem Kind. Eine Ablehnung der Schwangerschaft von der Mutter oder Situationen, die die Mutter als lebensbedrohlich erlebt, können für des ungeborene Kind traumatisierend sein. Da pränatale Kinder aufgrund ihrer Unreife noch wenige Bewältigungsstrategien haben, gehen die psychologischen Psychotherapeuten Bettina und Heiner Alberti davon aus, „dass

[17] Zum Thema „überlebte Abtreibungen" vgl. Ludwig Janus und Helga Häsing: „Ungewollte Kinder – Annäherungen, Beispiele, Hilfen" (Häsing/Janus 1994)

pränatale Extrembelastungen zu traumatischen Reaktionen führen können“ (Alberti/Alberti 2006, S. 74).

Dazu passen die klinischen Ergebnisse der traumaorientierten Theorie und Praxis, die auch bei pränatalen Störungen sinnvoll und effektiv sind. Per Ultraschall ist erkennbar, dass Feten auf mütterlichen Stress mit erhöhtem Aktivitätsniveau oder Erstarrung reagieren. Letzteres kann als traumatische Reaktion gedeutet werden. Klinische Erfahrungen aus psychotherapeutischen Prozessen belegen, dass pränatale Erfahrungen – besonders pränatale Traumatisierungen – mit Einsetzen der Sprach- und Imaginationsfähigkeit mit Sprache und Bildern verbunden werden können. So ist es möglich, zu späterer Zeit in Therapien pränatale Traumatisierungen aufzudecken.

David Chamberlain zeigt ein Beispiel zur pränatalen emotionalen Reaktion und einer eventuellen Traumatisierung: „Zwischen der 14. und der 16. Woche, wenn gewöhnlich die Fruchtwasserpunktion durchgeführt wird, reagieren Föten auf Nadeln, die in den Uterus eindringen. Mütter, die diese Prozedur per Ultraschall beobachten, haben Babys vor der Nadel zurückweichen oder sie angreifen sehen, auch wenn etwa von der 10. bis zur 26. Woche die Augen der Babys geschlossen sind. Birnholz und seine Kollegen (1978) beobachteten einen Fötus, der zufällig von einer Nadel getroffen wurde. Das Baby drehte sich weg, lokalisierte sie mit seinem Arm und schlug wiederholt nach dem Schaft der Nadel. Diese Bewegung weist ein scharfes sinnliches Bewusstsein, die Fähigkeit zu sofortiger defensiver Aktivität und eine genau fokussierte Aggression hin“ (Chamberlain 2011, S. 33f). Experten sind erstaunt über die derart heftigen Reaktionen der Feten auf eine Amniozentese, die Erschrecken und Verzweiflung ausdrücken.

Ob eine Schwangerschaft erwünscht ist oder nicht, kann eine große Bedeutung für die psychische Gesundheit des Kindes haben. Wobei man aus psychotherapeutischer Erfahrung weiß, dass man sich zwar ein Kind bewusst wünschen kann, dieses aber unbewusst ablehnt. Umgekehrt gilt dieses auch: Bewusst kann eine Schwangerschaft abgelehnt werden, unbewusst ist sie jedoch erwünscht. Beispielsweise ist es gar nicht so selten, dass Frauen nach langjähriger, leidvoller Fruchtbarkeitsbehandlung schwanger werden und sich kurze Zeit später ohne medizinische Indikation zur Abtreibung entscheiden. Hans von Lüpke, Kinderarzt und Psychotherapeut, beschreibt mehrere Beispiele zur Frage: „Was ist ein Wunschkind?

1. Eine 36jährige Frau wird nach langjähriger, von ihr als qualvoll erlebter *Sterilität*sbehandlung schwanger. Zwei Monate später entscheidet sie sich zur Abtreibung.
2. Eine 17jährige wird im Urlaub von einem flüchtigen Bekannten schwanger. Obwohl über die Möglichkeiten der Verhütung informiert, benutzte sie keinen Konzeptionsschutz. Unter dem Druck der Familie gibt sie das Kind zur Adoption frei. Ein Jahr später ist sie erneut schwanger. Ihr Kommentar: „Diesmal lasse ich mir mein Kind nicht wegnehmen".
3. Ein Paar hat bereits drei Kinder, als die Partner zu der Erkenntnis kommen, dass ihre Beziehungskrise nicht mehr lösbar ist und als Ausweg nur noch die Trennung bleibt. Kurz darauf ist die Frau erneut schwanger. Die Eltern bleiben zusammen. Das Kind, ein zierliches Mädchen, mischt sich in jeden Streit der Eltern ein, sobald es sprachlich dazu in der Lage ist. Es leidet an Asthma" (v. Lüpke 2011, S. 40).

Unerwünschte Schwangerschaften sind ein Thema, das in der heutigen Gesellschaft immer noch tabuisiert wird. Dabei kommt schätzungsweise auch heute noch – nach Einführung der Pille – wenigstens jedes dritte Kind unerwünscht zur Welt. Wird ein Kind bewusst und unbewusst von seiner Mutter abgelehnt, kommt es zu deutlich mehr Komplikationen und längeren Geburten. Das Kind zeigt nach der Geburt oft teilnahmsloses Verhalten im Wechsel zu kontinuierlichem Weinen.

Auch noch im späteren Leben als Erwachsene zeigen sich unsere frühen Erfahrungen, die wir pränatal erlebt haben. Wolfgang H. Hollweg, Psychoanalytiker, Psychotherapeut und Heilpraktiker, beschreibt ein Beispiel, das zeigt, dass Symptome die frühe pränatale Traumatisierung widerspiegeln können: „Als Theodora zu mir in die

Therapie kam, litt sie an so massiven Schwindelgefühlen, daß sie sich, wo sie ging oder stand, ständig festhalten mußte, um nicht zu Boden zu fallen. Aber auch nachts wurde sie von Schwindelanfällen und Übelkeit aus dem Schlaf gerissen [...]. Im Vordergrund standen [...] die vier massiven Abtreibungsversuche, von denen der zweite von dem ungeborenen Kind am schlimmsten empfunden worden war. Dabei stieg die Mutter tagelang immer wieder auf den Küchentisch und sprang mit Schwung auf den Boden hinab, um das Kind auf diese Weise zum Abgang zu zwingen. Das aber wurde im Fruchtwasser wie in einem Whirlpool umeinandergewirbelt und von ganz massiven Schwindelgefühlen erfaßt, die auch während der späteren Schwangerschaft immer wieder auftraten" (Hollweg 1998, S. 262).

Ludwig Janus, psychoanalytischer Psychotherapeut in Heidelberg, ist Dozent und Lehranalytiker in der psychoanalytischen Weiterbildung mit den Interessenschwerpunkten Kulturpsychologie und Pränatale Psychologie. Von 1995 bis 2005 war er Präsident der ISPPM. Er berichtet von verschiedenen Studien, wie ungewollte Kinder in ihrer weiteren Lebensgeschichte, also auch noch als Erwachsene, im Lebensgefühl und in ihren Beziehungen große Unzufriedenheit aufwiesen. Des Weiteren litten sie verstärkt an neurotischen und psychosomatischen Beschwerden. Ein bis zwei Drittel der Bevölkerung, so schätzen die Forscher, leiden an psychischen Symptomen wie Minderwertigkeitsgefühl, Leeregefühl, diffusen Ängsten und depressiven Verstimmungen.

Außerdem zählen Hidas und Raffai noch die große Gruppe der Alkoholkranken, Drogensüchtigen und der Personen mit asozialem Verhalten dazu. „Im Spiegel der [...] Forschungen können wir mit einiger Sicherheit sagen, dass all diese Erscheinungen zu einem wesentlichen Teil in vorgeburtlichen Mangel-, Leid- und Unglücks-Erfahrungen ihre Wurzel haben" (Hidas/Raffai 2006, S. 59). Da nach Hidas und Raffai Gesellschaftsprobleme wie Gewalt, Bindungsmangel, Drogen, Alkohol und psychische Erkrankungen, grundsätzlich bereits in der Gebärmutter entstehen, fordern sie, dass die humanen und finanziellen Ressourcen zur Prävention bereits pränatal ansetzen.

Wie prägend die Beziehungserfahrung innerhalb des Mutterleibes sein kann, zeigen sehr beeindruckend die Arbeiten zu pränatalen Verlusten eines (oder mehrerer) Zwillingsgeschwister. Nach Erfahrungen führen etwa 30% aller Zeugungen zu Zwillings- oder Mehrfachbefruchtungen. Manche Forscher gehen sogar davon aus, dass es zwischen 30% und 80% sind. Mindestens 20% dieser Mehrfachschwangerschaften, bei denen nur ein Kind ausgetragen wird, haben somit den Verlust eines Geschwisters erlebt. Alfred und Bettina Austermann, er Diplompsychologe und Heilpraktiker und sie Sozialpädagogin, berichten in ihrem Buch „Das Drama im Mutterleib – Der verlorene Zwilling", wie prägend dieser pränatale Verlust eines Zwillingsgeschwister für die Überlebenden sein kann. Betroffene berichten häufig von quälender Sehnsucht, Einsamkeit, Schuldgefühlen und unglücklichen Liebesbeziehungen. Es entsteht eine Diskrepanz zwischen dem kognitiv schon vergessenen Erlebten und dem Körpergedächtnis, das diese Erfahrungen noch gespeichert hat und bestimmte Emotionen hervorrufen kann.

Vorgeburtliche Bindungserfahrungen können die Qualität der Bindungserfahrungen im weiteren Leben beeinflussen. Das kann sich im Verlauf des Lebens in der eigenen Eltern-Beziehung zeigen, aber auch in der Partnerbeziehung sowie der Beziehung zu den eigenen Kindern. Bettina und Heiner Alberti beschreiben hierzu ein Fallbeispiel aus ihrer Praxis: Eine 31jährige Frau litt seit ihrer Pubertät zunehmend an Depressionen und Alpträumen. Bei der Anamnese zeigten sich jedoch keinerlei Hinweise auf eine gestörte Bindungsbeziehung zu ihren Eltern. Sie sei ein Wunschkind gewesen. Mit Blick auf die Pränatalzeit zeigte sich jedoch, dass die Verbindung ihrer Eltern von deren Herkunftsfamilien missachtet wurde. Es kam zu Enterbungen und Kontaktabbrüchen zu den Herkunftsfamilien ihrer Eltern. Die Mutter der Patientin weinte sehr viel während der Schwangerschaft und war von Ängsten getrieben. Alberti und Alberti gehen davon aus, dass das Krankheitsbild der

Patientin mit dem Kontinuum der prä-, peri- und postnatalen Beziehungserfahrungen zu begründen ist. Je mehr die Beziehungsdynamik in der pränatalen Zeit belastet ist, desto unsicherer wird sie auch in späteren Entwicklungsphasen verlaufen.

Wie entsteht Bindung während der Schwangerschaft?

Eine Bindung an das ungeborene Kind beginnt sehr viel früher als gemeinhin angenommen. Forscher glauben, dass die vorgeburtliche Beziehung zwischen dem pränatalen Kind und der Schwangeren eine wichtige Voraussetzung für die postnatale Mutter-Kind-Beziehung darstellt. Die pränatale Erfahrung ist die erste und grundlegendste Beziehungserfahrung im Leben eines Menschen. Es gibt bereits erste Repräsentationen von Bindung schon im Mutterleib. Diese Repräsentationen sind freilich nicht durch direkte Interaktionen gebildet und gefestigt worden. Vielmehr sind die Bindungsrepräsentationen unbewusster Natur, weshalb ihre Bedeutung nicht unmittelbar und bewusst wahrnehmbar ist. „Dennoch wirkt sie auf die Art und Weise ein, wie wir die Welt, andere Menschen und uns selbst fühlen und wahrnehmen. Sie stellt die Basis unseres Seins dar, sie ist der Ursprung unseres emotionalen Lebens. Hierin kann sie eine wichtige Ressource sein“ (Krens/Krens 2006, S. 53).

Rien Verdult ist der Meinung, dass Bindung pränatal programmiert ist und zwar als Interaktion zwischen dem Fetus und dem Körper und der Psyche seiner Mutter. „Bindung spielt eine Schlüsselrolle in der pränatalen Gehirnentwicklung“ (Verdult 2011, S. 64). Schon pränatal erhalten die Ungeborenen Bindungsbotschaften auf biochemischer Basis, welche als Bindungserfahrung dauerhaft auf späteres Bindungsverhalten wirken. Damit wird das Bindungsverhalten schon pränatal programmiert. Wichtige Erfahrungen in Verbindung mit Körper und Psyche der Mutter verursachen strukturelle Veränderungen in den kindlichen Organen, vor allem dem limbischen System und dem *Gehirnstamm*. „Die Effekte pränataler Bindung können generationsübergreifend sein: Wenn das pränatale Kind zur schwangeren Erwachsenen wird, werden ihre Erfahrungen in der Gebärmutter mit Sicherheit ihre Einstellung zu ihrem Fetus beeinflussen“ (Verdult 2011, S. 65).

Pränatale Bindung wird also als das Fundament angesehen, auf dem jede weitere Bindung aufbauen kann. Die pränatalen Wurzeln des Bindungsverhaltens werden auch von Verdult betont. Die durch Verhaltensbeobachtungen erkannten und differenzierten Bindungsverhaltensmuster haben Ursachen, welche nicht ausschließlich auf postnatale Interaktionen zwischen Kind und Bezugspersonen beruhen: „Das im Alter von zehn Monaten offen sichtbare Bindungsverhalten hat prä- und perinatale Wurzeln. Es existiert ein pränatales Bindungsverhältnis zwischen Mutter und Fetus“ (Verdult 2011, S. 63). Den pränatalen Wurzeln misst Verdult dabei eindeutig das größere Gewicht bei. „Das Bindungsverhalten des Kindes ist ein Spiegel der Qualität der pränatalen Bindung. Es handelt sich um offen sichtbare Verhaltensweisen früher geformter Bindungsmuster“ (Verdult 2011, S. 64).

Beginnt Bindung also mit der Befruchtung? Nach neueren Forschungen ist selbst der Zeitpunkt der Befruchtung nicht der Start des Bondings, sondern ein noch früherer: „Die Hypothese, dass der Eintritt, der Bestand und der glückliche Ausgang einer Schwangerschaft von Rahmenbedingungen abhängen, die wir als ‚Reife zur Elternschaft’ umschreiben, wurde in eindrucksvollen Studien bewiesen. Demnach spielt es eine Rolle, mit welchen eigenen Bindungserfahrungen wir sowohl als Frau als auch als Mann der eigenen Elternschaft entgegentreten. Es spielt also eine Rolle, mit welchem Bindungsmuster wir unser (noch gar nicht gezeugtes) Kind betrachten. Es konnte gezeigt werden, dass Paare, die eigene traumatische Bindungs- oder Verlusterfahrungen durch eine gezielte Psychotherapie überwinden, hochsignifikant höhere Schwangerschaftsraten aufweisen“ (Hildebrandt 2011, S. 152). Die Erkenntnisse der Pränatalforscher bekräftigen also die Forderung nach Elternbildung. Die Vorbereitung auf die Elternschaft, möglichst noch bevor das Kind gezeugt wurde, ist von großer Bedeutung.

Helmut Niederhofer und Alfons Reiter sprechen von einer Notwendigkeit des Einbezugs der vorgeburtlichen Zeit in die Bindungsforschung, da die „revolutionären Erkenntnisse der pränatalen Psychologie und Medizin der letzten Jahrzehnte“ (Niederhofer/Reiter 2004, S. 27) auf eine Dringlichkeit verweisen, diese Erkenntnisse auch in der Bindungsforschung zu berücksichtigen. Nach ihrer repräsentativen Studie zeigte sich, dass eine pränatal sichere Bindung, gemessen unter anderem durch mütterliche Einschätzung und fetale Bewegungen und Herztöne, zu einer postnatal sicheren Bindung im Alter von sechs Jahren beiträgt. Alle vorgeburtlichen Bindungstypen scheinen sich bis ins Schulalter fortzusetzen. Das Ergebnis dieser Forschung bekräftigt die These, dass pränatale Bindungserfahrungen äußerst stabil sind.

Nach Krens und Krens ist die Schlussfolgerung aus der Existenz einer pränatalen Bindung auch die Möglichkeit einer pränatalen Bindungsstörung: „Eine adaptive pränatale Bindungsbeziehung zeichnet sich unserer Meinung nach dadurch aus, dass das emotionale Bindungskontinuum zwischen Mutter und Kind erhalten bleibt beziehungsweise bei Unterbrechung durch für die Mutter belastende Stressoren gut genug und in einem zeitlich angemessenen Rahmen wiederhergestellt wird. Pränatale Bindungsstörungen definieren wir dementsprechend als massive Unterbrechung des Bindungskontinuums zwischen Mutter und Kind. Die Qualität der pränatalen Bindungsbeziehung ist Teil der Erfahrungs- und Lernwelt des pränatalen Kindes und wird in differenzierten organismischen Bindungsrepräsentanzen (Piontelli 1996) in impliziter Weise gespeichert. Sie stellen eine Art Matrize dar, die wiederum Einfluss hat auf die Umstände der postnatalen Bindungsbelastung" (Krens/Krens 2006, S 44f). Wie im Kapitel „Welche Auswirkungen haben Traumatisierungen während der Schwangerschaft?" beschrieben, können die traumatischen Erfahrungen während der Pränatalzeit Einfluss nehmen auf die Bindungserfahrung. Somit stellen pränatale Traumatisierungen einen erheblichen Risikofaktor für eine pränatale Bindungsstörung dar. Ausgehend von dem prä- und postnatalen Bindungskontinuum können pränatale Verhaltensweisen, die sich als positiv erweisen, geschult werden, um die Bindung zum Fetus und später zum Kind zu fördern.

Nach den Erfahrungen der Therapeutin Phyllis Klaus sind Frauen gerade in der Schwangerschaft sehr offen und verletzlich. Da in dieser Zeit häufig alte Probleme wieder zum Vorschein kommen und sich in unterschiedlichen Symptomen zeigen, ist die Zeit der Schwangerschaft eine gute Gelegenheit, durch eine Therapie die alten Probleme und Verletzungen zu verarbeiten, womit die Schwangerschaftsbeschwerden meist aufhören.

Möglichst alle Frauen sollten von fachkundigen Personen frühzeitig aufgeklärt werden, dass ambivalente Schwangerschaftsphantasien und ambivalente Gefühle gegenüber dem Kind völlig normal sind. Sie schaden dem Kind nicht und sind eher ein Zeichen für einen emotionalen Bindungsaufbau zum Kind. Es scheint für Frauen in der heutigen Zeit immer wichtiger zu werden, eine Unterstützung zu erhalten, da sie mit Beruf und Familie und den damit verbundenen Leistungsansprüchen oftmals überfordert sind. „Im Gegensatz zu allen so genannten ‚primitiven' Kulturen genießen Schwangere bei uns heutzutage keinen besonderen Schutz" (Hüther/Krens 2008, S. 116). Rituale in der Zeit der Schwangerschaft sind in der heutigen Gesellschaft selten geworden. An ihre Stelle sind die medizinischen Schwangerschaftsvorsorgen getreten. Meistens sind die Frauen den überwiegenden Teil ihrer Schwangerschaft berufstätig und die Vorsorgetermine sind die einzige Zeit, die ausschließlich Mutter und Kind gehört. „Es besteht ein großes Bedürfnis nach Bestätigung, Raum für persönliches Empfinden und klärende Gespräche. Unsere primär auf medizinische Kontrolle ausgelegte Schwangerenvorsorge kann diesen wachsenden Bedürfnissen in ihrer alten Form nur selten gerecht werden" (Lange 2000, S. 77).

Wie fördert die Bindungsanalyse die Mutter-Kind-Bindung?

Die Bindungsanalyse ist in den frühen 1990er Jahren in Budapest entstanden und wurde von den beiden ungarischen Psychoanalytikern György Hidas und Jenö Raffai entwickelt. Raffai stellte Ende der 1970er Jahre bei der Behandlung psychotischer Jugendlicher Zusammenhänge zwischen den Psychosen und intrauterinen Erfahrungen fest. Aufgrund seiner Arbeit wurde ihm ersichtlich, wie bedeutend die Qualität der vorgeburtlichen Beziehung für die spätere Entwicklung ist. Ein weiterer Hintergund zur Entwicklung der Bindungsanalyse waren die Beobachtungen und Erfahrungen in der Lehranalyse, die Raffai bei Hidas machte. Da die beiden Forscher mit ihren Deutungen in den Behandlungen so eindeutigen Erfolg hatten, entwickelten sie darauf hin die Bindungsanalyse zur pränatalen Prävention von Psychosen, wobei sie eine Methode zur Förderung und Verbesserung der vorgeburtlichen Mutter-Kind-Beziehung schufen. Diese ist eine Schwangerschaftsbegleitung, bei der die Schwangere angeleitet wird, mit ihrem ungeborenen Kind in Kontakt zu treten und so schon vor der Geburt eine tiefe Beziehung zu ihm aufzubauen.

Normalerweise beginnt die Bindungsanalyse in der 20. Schwangerschaftswoche. Sie kann auch früher beginnen, spätestens jedoch um die 32. Woche. Wöchentlich finden ein bis zwei Sitzungen statt. Als Rahmenbedingung dazu dient eine Entspannungssituation im Liegen. Dadurch wird es der Schwangeren ermöglicht, sich auf die Wahrnehmung der Signale vom Baby zu konzentrieren. Ähnlich, wie wir es aus Träumen kennen, können in dieser Tiefenentspannung und Konzentration auf körperbezogene Empfindungen verschiedene Gefühle, Bilder, Gedanken und Phantasien auftauchen. Durch das Einstimmen der Schwangeren auf diese Bilder entwickelt sich ein besonderer Kommunikationskanal zwischen Mutter und ungeborenem Kind, der zur „Nabelschnur der beiden Seelen" wird. Im seelischen Raum zwischen Mutter und Ungeborenem entsteht so ein Dialog.

Ist der Kontakt zwischen Mutter und Kind hergestellt, kann die Schwangere ihrem Baby innere Bilder schicken und sich gleichzeitig für bildhafte Antworten von ihrem Baby öffnen. Nicht selten ist die Schwangere anfangs unsicher, ob die Bilder, die in ihr auftauchen, eigene Bilder sind oder von ihrem Baby stammen. Doch bald kann die Frau immer besser zwischen ihren eigenen Bildern und denen ihres Babys unterscheiden. Dieser innige Kontakt ermöglicht es, Informationen auszutauschen, die Mutter erhält viel Wissen über ihr Ungeborenes und fühlt, wie es ihm geht. Durch dieses Wahrgenommen-, Gespürt- und Gefühltwerden kann das Baby seine Persönlichkeit optimal entwickeln, sein Selbstwert und Vertrauen wachsen. Dadurch wird auch in entsprechender Weise die Reifung des Gehirns und dessen Funktionsweise angeregt. Das Wahrgenommen- und Gespiegeltwerden ist für Säuglinge emotional und neurobiologisch lebenswichtig und bildet die Grundlage für die Entstehung von Urvertrauen im gesunden Mutter-Kind-System. Stress kann durch die Bindungsanalyse vermindert und dadurch die Aktivität der Spiegelneuronen erhöht werden. Der Bindungsanalytiker oder die Bindungsanalytikerin unterstützt die Schwangere in der Kontaktaufnahme, indem er sie ermutigt, ihr Anregung und gegebenenfalls Interpretationen gibt oder ihr bei eventuellen Blockaden hilft.

In der Abschlussphase, etwa ab der 36. Schwangerschaftswoche, beginnen die Schwangere und ihr Baby Abschied von der Schwangerschaft zu nehmen und sich auf die Geburt, den Übergang in diese Welt, vorzubereiten. Die Geburt wird in einer Art Generalprobe durchgespielt und das Baby wird auf die medizinischen Vorgänge während und nach der Geburt vorbereitet. So können Geburtstraumata deutlich verringert oder sogar ganz vermieden werden. Innere unbewusste Blockaden der Schwangeren können in der Bindungsanalyse rechtzeitig erkannt und besprochen werden. Ist das Baby dann bereit, setzt es die Geburt in Gang.

Zu den häufigsten Erfahrungen mit der Bindungsanalyse gehört, dass die innere Wahrnehmung der Frau für die Signale ihres ungeborenen Kindes gut eingestimmt ist. Neun von zehn Babys, die gegen Ende der Schwangerschaft noch in Steißlage (Beckenendlage) liegen, drehen sich durch die Kontaktaufnahme in der Bindungsanalyse noch einmal in die für die Geburt günstigere Schädellage mit dem Kopf nach unten. Durch die intensivere Wahrnehmung des eigenen Körpers und Schulung, auf eigene Bedürfnisse zu achten, hat die Frau unter der Geburt weniger Schmerzen, die Geburt ist kürzer und natürlicher und es kommt zu wesentlich weniger medizinischen Eingriffen während der Geburt. Die geringere Geburtsbelastung kann sich beim Kind in einem natürlich-runden Kopf (keine „Geburtsgeschwulst“) zeigen.

Die Bindungsanalyse verzeichnet noch weitere positive Effekte. Häufig kommen Frauen bei einer drohenden Fehl- oder Frühgeburt in die Bindungsanalyse.[18] Obwohl dadurch die Statistik nicht repräsentativ ist, da so genannte Risikoschwangerschaften

---

[18] Ein Beispiel hierfür wurde im Kapitel „Hat eine Fehlgeburt Auswirkungen auf eine Folgeschwangerschaft“ beschrieben.

in Bindungsanalysen häufiger vertreten sind, erreichen Bindungsanalytikerinnen oder Bindungsanalytiker eine Frühgeburtenrate von nur 0,2% (gegenüber 9% im Durchschnitt in Deutschland). In nur 6% wird ein Kaiserschnitt durchgeführt bei einer derzeitigen Kaiserschnittrate in Deutschland von 32,1%.

Nach der Geburt wenden sich die Babys neugierig der Welt zu, sie sind emotional stabiler und sozial kompetenter. Der Umgang mit den Babys erfolgt vollständig intuitiv, denn die Mutter hat ihr Baby schon während der Bindungsanalyse kennen gelernt. Die Kinder schlafen besser und schreien seltener. Bisher ist bei allen evaluierten Bindungsanalysen keine *postpartale* Depression der Mutter aufgetreten.

Nach Raffai können sich nicht nur pathologische Bindungsmuster, sondern auch pathologische Beziehungssysteme im Sinne einer transgenerationalen Weitergabe wiederholen. Besonders bei Eltern, die sich von ihren eigenen Eltern noch nicht gelöst haben, was meistens unbewusst ist, kann die Bindungsanalyse sehr hilfreich sein. Auf das Phänomen, dass es bei Schwangeren noch nicht zur Phase der Abtrennung von ihren Eltern gekommen ist, trifft man laut Raffai sehr häufig. „Nicht sie, sondern ihre Mutter empfindet, denkt und spricht aus ihr, wenn sie den Kontakt mit ihrem Baby aufnimmt. [...] Je stärker ihre Bindung zu ihrer Mutter ist, desto größer ist die Kraft und die Beeinflussung in der Mutter-Kind-Bindung seitens ihrer Mutter" (Raffai 2012, S. 55). Wurde die psychische Abtrennung von den eigenen Eltern vollzogen, wird das idealisierte Elternbild korrigiert in das reale Elternbild. Erschwert werden diese Ablöseprozesse, wenn die Körper- bzw. Ich-Grenzen sich während der intrauterinen Lebenszeit nicht vollständig von den mütterlichen Körper- bzw. Ich-Grenzen gelöst haben. Dies wiederum wirkt sich zu einem sich selbst verstärkenden Regelkreis aus: Die Ablöseprobleme der Schwangeren erzeugen eine Verwischung der Körpergrenzen, das daraus erwachsene Kind wird wiederum Probleme der Ablösung haben und so weiter. Dieser Teufelskreis kann durch eine Intervention, wie beispielsweise die Bindungsanalyse, durchbrochen werden.

Ilka-Maria Thurmann, Diplom-Pädagogin, Kinder- und Jugendlichentherapeutin, und Heilpraktikerin, beschreibt sehr eindrucksvoll, wie ein pränataler Kontakt zwischen Mutter und Kind entstehen kann: Mit dem Beginn der ersten wahrgenommenen Kindsbewegungen kann die Mutter oder auch der Vater den Kontakt zum Kind taktil gestalten, indem sie sanft auf die Bauchdecke klopfen, oder gedanklich das Kind bitten zu ihren Händen zu schwimmen. Regelmäßig ist zu beobachten, dass die pränatalen Kinder auf das Kontaktangebot reagieren. „Wenn es gut funktioniert, bekommt die Schwangere bald ein sicheres Gespür für ihr Kind und einen Rhythmus, z. B. wann es Ruhe will, wann es Kontakt mag, wie es ihm geht und was ihm guttut" (Thurmann 2004, S. 149). Mit Hinblick auf die Geburt ist eine solche Kontaktaufnahme von besonderem Wert, da eine Art Kommunikation entsteht und beide gemeinsam die Herausforderung Geburt besser meistern können. Die Bedeutsamkeit eines frühen wechselseitigen Kontakts lässt vermuten, dass sich auch eine Kommunikation zwischen Eltern und Ungeborenem in der pränatalen Phase positiv auf das emotionale Bindungsverhalten beider Teilnehmer im späteren Leben auswirkt.

Aus seiner Praxis beschreibt Raffai ein Beispiel von einer Schwangeren, deren Kind noch gegen Ende der Schwangerschaft in Steißlage, also mit dem Kopf nach oben, lag. Raffai fiel ein Fakt aus dem Erstinterview mit der Schwangeren ein: sowohl die Schwangere selbst als auch ihre eigene Mutter waren in Steißlage geboren worden. Möglicherweise identifizierte sich das Kind mit der unbewussten Information der Mutter. Raffai empfahl der Schwangeren ihrem Baby folgendes mitzuteilen: „Es ist möglich, dass ich dir unbeabsichtigt mitgeteilt habe, dass ich in Steißlage geboren wurde, und du hast es so verstanden, als sei das auch für dich gut. Es bedeutet aber nicht, dass du tun sollst, was ich früher tat" (Raffai 2015, S. 84). Die Mutter folgte der Anweisung und teilte ihrem Kind diese Worte mit. Noch in dieser Nacht drehte sich das Kind mit dem Kopf nach unten.

So hält Raffai fest: „Wir wissen nicht, wie das Baby diese komplizierten Mitteilungen versteht. Es ist möglich, dass in ihm ein ähnlicher Dekodierer wie in der Mutter funktioniert. Eines scheint aber sicher zu sein: Gedankenaustausch und Verständnis auf diesem Niveau sind erst nach dem Ausbau des Bindungsraumes möglich, und dieser kann nur mit der durch Empfindungen verwirklichten Kommunikation geschaffen werden. Wenn die Mutter-Kind-Bindungsanalyse eine Entdeckung ihr eigen nennen kann, ist es diese“ (Raffai 2015, S. 84).

Einflüsse auf die Mutter-Kind-Bindung während und nach der Geburt

Was ist das Besondere an der menschlichen Geburt?

Die Evolution der menschlichen Geburt brachte verschiedene Schwierigkeiten mit sich: Einerseits vergrößerte sich der Kopfumfang des menschlichen Fötus aufgrund der fortschreitenden menschlichen Hirnentwicklung, andererseits entwickelte der Mensch gleichzeitig einen aufrechten Gang. Das erforderte zur Stabilisierung des Skeletts einen festen Beckenring und eine S-förmige Einbuchtung der Wirbelsäule. Dadurch kam es zu einer Verkleinerung des Geburtskanals. Die „Lösung" der Evolution lag offenbar in einer Verkürzung der Schwangerschaft um die Hälfte. Der Schweizer Zoologe Adolf Portmann bezeichnete den Menschen aus diesem Grund als „physiologische Frühgeburt". Die besondere Hilflosigkeit des Menschen im ersten Lebensjahr ist demnach eine Folge dieser stammesgeschichtlichen Gegebenheit. Portmann prägte für das erste Lebensjahr den Begriff "extrauterines Frühjahr".

Aufgrund dieser biologischen Gegebenheiten muss der kindliche Kopf quer in das kleine Becken eintreten, bevor er in der mittleren Geburtsphase eine Drehung vollzieht, um dann mit einer Streckung längs den Geburtskanal verlassen zu können. Der Mensch ist die einzige Spezies, die in dieser Geburtsphase diese Drehung vollziehen muss. Auch unsere nächsten Verwandten in der Tierwelt, die Schimpansen oder die Bonobos, haben eine einfachere Geburt. Deshalb ist die menschliche Geburt sowohl für die Mutter als auch für das Kind besonders anfällig für Komplikationen. Auch psychologisch gesehen, stellt die Geburt für Mutter und Kind eine Grenzerfahrung dar. Wird die Geburt nicht aufgefangen in einer annehmenden und verstehenden Beziehung, kann diese mehr oder weniger große psychische Grenzerfahrung die frühe Mutter-Kind-Beziehung erheblich belasten oder ein Zustandekommen einer tragfähigen Beziehung beeinträchtigen oder sogar verhindern. Umso wichtiger ist es, Eltern und Kindern eine „sanfte“ Geburt zu ermöglichen, worauf später ausführlicher eingegangen wird.

Welche Entwicklung durchlief die Geburtsmedizin?

Über Tausende von Jahren war die Geburt eine Angelegenheit für Frauen, den weisen Frauen oder Hebammen. Mit dem Aufstieg der modernen Wissenschaften Ende des 17. Jahrhunderts übernahmen die Männer aus der oberen Schicht zunehmend die geburtshilfliche Medizin. Dabei wurde vor allem der Gebrauch von Instrumenten (u. a. die Geburtszange) und Schmerzmitteln, später auch wehenfördernden Mitteln eingeführt. 1738 wurde durch den französischen Geburtshelfer François Mauriceau die liegende Gebärposition im Bett üblich. Diese sollte die Geburtsarbeit für den Arzt und die Geburtshelfer erleichtern, aber für Mutter und Kind war die horizontale Lage, statt der bisher eher üblichen vertikalen Position, nicht von Vorteil. Erst 1985 schrieb die Schweizer Ethologin und Physiotherapeutin Liselotte Kuntner das Buch „Die Gebärhaltung der Frau“, in dem sie mit fachlich fundierten Begründungen die Nachteile der Rückenlage bei der Entbindung aufzeigt.

Diese Nachteile sind z.B. eine Minderversorgung von Mutter und Kind, da durch das Gewicht des Kindes die mütterliche Aorta komprimiert wird. Das ist auch ein Grund, weshalb Schwangere im letzten Schwangerschaftsdrittel nicht längere Zeit auf dem Rücken liegen sollten. Dazu kommt eine schlechtere Atmungsfreiheit der Mutter sowie größeres Schmerzempfinden. Letzteres entsteht wohl, weil die Rückenlage von den Frauen als passiv empfunden wird, sie sich dazu stärker den Behandelnden ausgeliefert fühlen. Ferner muss das Kind gegen die Schwerkraft geschoben werden, der Geburtskanal ist enger, die Beweglichkeit des Beckens ist nahezu aufgehoben und einiges mehr. Insbesondere wird durch die Rückenlage die Wehentätigkeit geschwächt. Kuntner löste damit eine Weiterentwicklung der Geburtsvorbereitung aus. Dennoch ist noch heute die Entbindung in der Rückenlage in vielen Krankenhäusern weit verbreitet. Nicht konkret zu beurteilen ist an dieser Stelle, ob die suboptimale Geburtsstellung von vielen Helfern wider besseren Wissens oder aufgrund von mangelndem Fachwissen durchgeführt wird. Mit Sicherheit jedoch gibt es hier deutliches Verbesserungspotenzial, welches durch Information der Mütter vorangetrieben werden könnte.

Die so genannte Müttersterblichkeit hielt bis ins 20. Jahrhundert an. Gründe für die hohe Sterblichkeitsrate waren bestimmte Entbindungsmethoden mit ihren Risiken und der Tod im „Kindbett“[19], meist verursacht durch Infektionen. Vor 1800 lag die Sterblichkeitsrate während einer Geburt bei 1,3%. Da eine verheiratete Frau im Schnitt sechs Kinder bekam, hatte sie eine zusammengerechnete Wahrscheinlichkeit von etwa 8% bei einer Geburt zu sterben. 1847 führt Ignaz Semmelweis Desinfektion und Gummihandschuhe zur Verringerung der *Sepsis*[20] ein. Es dauerte allerdings noch bis 1870, bis die septische Revolution zu einem drastischen Rückgang der Müttersterblichkeit führte. Zwischen 1860 und 1869 gab es im Krankenhaus 31,1% Sepsisfälle, bei Hausgeburten dagegen nur 5,7%. Zwischen 1930 und 1939 konnten beide Raten auf 0,7% gesenkt werden.

Schon im Altertum findet man Angaben zu der Durchführung eines Kaiserschnitts (*sectio caesarea*), jedoch hatte die Mutter bei einem Kaiserschnitt – meist eine Verzweiflungsoperation – keine Überlebenschance. Es heißt, Julius Cäsar wurde auf diese Weise geboren, worauf angeblich der Name „Kaiserschnitt“ zurück zu führen sei. Jedoch ist später in der Literatur von seiner Mutter die Rede, welche zu der damaligen Zeit niemals einen Kaiserschnitt überlebt hätte. Vielmehr scheint das Wort Kaiserschnitt auf die lateinischen Worte „caedere“ und „secare“ zurück zu gehen, die beide „schneiden“ bedeuten.

In Deutschland wurde der Kaiserschnitt an einer Lebenden erstmals erfolgreich 1610 durchgeführt. Die Frau überlebte den Eingriff 25 Tage. Erst Ende des 19. Jahrhunderts, nach der Weiterentwicklung verschiedener Operationstechniken und

---

19 „Kindbett“ ist ein altes Wort für Wochenbett; Wochenbett siehe Glossar

20 Sepsis ist eine Entzündungsreaktion des Organismus auf eine Infektion durch Bakterien, umgangssprachlich auch Blutvergiftung.

der Einführung neuer chirurgischer Methoden, zum Beispiel kein Längs- sondern Querschnitt, und Vernähen des Uterus, hatten Frauen eine etwa 20%ige Überlebenschance nach einem Kaiserschnitt. Die Kaiserschnittraten schwanken heute weltweit sehr. Sie liegen zwischen etwa 10% in den Niederlanden und 80% in Rio de Janeiro mit einer Sterblichkeitsrate von unter 1,0%. In Deutschland lag die Häufigkeit des Kaiserschnitts laut Statistischem Bundesamt im Jahr 2011 bei 32,1%, das heißt, es kommt also mittlerweile etwa jedes dritte Kind per Kaiserschnitt zur Welt. Das sind doppelt so viele Kaiserschnittgeburten wie noch vor zwanzig Jahren. Allerdings geht die wissenschaftliche Übereinstimmung dahin, dass eine Sectiorate von 7% ausreichen würde, denn eine höhere Rate brächte keine besseren Ergebnisse mit sich.

Vom Anfang des 19. Jahrhunderts an bis heute wurde die Geburt einschließlich der *Neonatologie*, der Kinderheilkunde von Neugeborenen, zunehmend medizinalisiert. Die perinatale Säuglingssterblichkeit konnte auf 0,1% gesenkt werden. Jedoch die Kehrseite dieser Medizinalisierung sind eine Entfremdung zwischen Mutter und Kind im Geburtsprozess, ein Verlust der psychologischen Dimension und ein Missachten der instinktiven Kräfte und Basisbedürfnisse von Mutter und Kind.

Mit dem Aufkommen der neuen Frauenbewegung in den 70er-Jahren wurde die Medizinalisierung vieler Aspekte des weiblichen Lebens in Frage gestellt. Dies betraf besonders die Medikalisierung des Gebärens und des Stillens. Alternative Ambulatorien und Geburtshäuser entstanden, die in Abgrenzung zu den Kliniken die natürliche Einbettung des Geburtsereignisses in das Familienleben, einen größeren Einfluss der Gebärenden auf den Geburtsverlauf und das als natürlich angesehene Stillen unterstützten. Unter anderem ist auf den französischen Gynäkologen und Geburtshelfer Frédérick Leboyer mit der Veröffentlichung von „Der sanfte Weg ins Leben – Geburt ohne Gewalt“ (1978) der Begriff der „Sanften Geburt“ zurück zu führen. Bei dieser Methode soll das Kind liebevoll und ohne unnötigen Stress zur Welt gebracht werden.

Ende der 60er-Jahre wurde in Krankenhäusern das *Rooming-in* eingeführt. Es wird hierdurch den Eltern, insbesondere den Müttern, ermöglicht, im selben Zimmer mit ihren Kindern aufgenommen zu werden. Eine wissenschaftliche Begründung für den neuen Umgang mit dem Neugeborenen liefert die Bindungsforschung und die Säuglingsforschung. Ein weiteres Zeichen für eine Veränderung der Beziehungskultur im Umgang mit Schwangerschaft und Geburt war die Entstehung neuer Fachgesellschaften, wie beispielsweise die Deutsche Gesellschaft für Psychosomatische Frauenheilkunde und Geburtshilfe (DGPFG), die Gesellschaft für Geburtsvorbereitung (GfG) und die Internationale Studiengemeinschaft für Pränatale und Perinatale Psychologie und Medizin (ISPPM). Diese Entwicklung führte zu einer deutlichen Verbesserung in der Beziehung zum Kind.

Welche Folgen kann der Kaiserschnitt auf die Bindung haben?

Die hohen Zahlen der Kaiserschnittrate in Deutschland machen deutlich, dass dieser inzwischen nicht mehr ausschließlich als Notfall-Operation durchgeführt wird. Dies belegen auch die weltweit sehr unterschiedlichen Kaiserschnittraten. Es steht außer Frage, dass der Kaiserschnitt medizinisch sinnvoll sein und Leben retten kann. Insbesondere über den *Wunschkaiserschnitt*, also einen Kaiserschnitt auf Wunsch der Frau ohne medizinische Indikation, wird unter Hebammen, Ärzten und werdenden Eltern viel diskutiert. Immerhin 3,8% der Erstgebärenden ohne Risiko bevorzugen inzwischen schon als Geburtsmodus eine Sectio. Der Kaiserschnitt ist jedoch nicht einfach nur ein operativer Eingriff, vielmehr können auch Nachwirkungen entstehen, sowohl auf Seiten der Eltern als auch für die durch Kaiserschnitt geborenen Kinder. Die Folgen eines Kaiserschnitts können nachhaltig die Mutter-Kind-Bindung betreffen.

Die Entscheidung zu einem Kaiserschnitt hängt von mehreren Faktoren ab,[21] dabei sind die Gründe sehr komplex. Beispielsweise nehmen übergewichtige Schwangere und Schwangere mit höherem Alter kontinuierlich zu. Beides sind Risikofaktoren, die für einen Kaiserschnitt sprechen können. Gleiches gilt für Schwangere, die bereits einen oder mehrere Kaiserschnitte hatten, auch diese Frauen nehmen zahlenmäßig immer mehr zu. Nur in 10% der Fälle liegt dem Kaiserschnitt tatsächlich eine absolute Indikation zugrunde, aber die Indikationen für eine primäre (geplante) Sectio werden immer großzügiger ausgelegt. Es zeigte sich in einer amerikanischen Studie, dass die Kaiserschnittrate auch vom jeweiligen Arzt abhängt. Je nach Arzt schwankte die Rate bei gleichen Bedingungen zwischen 19% und 42% – und das bei gleich bleibender Morbiditätsrate.[22] Wie die GEK-Kaiserschnittstudie zeigt, ist die Entscheidung zu einem Kaiserschnitt auch in Deutschland im Regelfalle vom betreuenden Arzt abhängig. Bei 60% aller Kaiserschnitte wurde den Frauen vom Arzt zu diesem Schritt geraten, während nur 27% der Hebammen dazu rieten.

Die Forscher sind der Meinung, dass es einen Zusammenhang gibt zu der steigenden Kaiserschnittrate und der immer geringer werdenden Hebammenbetreuung. Die GEK-Studie ermittelte, dass sich Frauen durch die vorherige Betreuung einer Hebamme besser informiert und sicherer in ihren Entscheidungen fühlen als Frauen ohne vorherige Betreuung. Auch unter der Geburt vermitteln Hebammen den werdenden Müttern ein Gefühl von Sicherheit.

Da die Kaiserschnittgeburt den Anschein erweckt, weniger Risiken zu bergen als eine Vaginalgeburt, entscheiden sich inzwischen viele Geburtshelfer für die Schnittentbindung aus Angst vor Schadenersatzklagen. Die Schwangeren lässt man ebenfalls in dem Glauben, eine Schnittentbindung sei die sicherste Variante. Dass dem nicht so ist, darüber klärt eine Studie der WHO auf: Ab einer Kaiserschnitt-Rate zwischen 10% und 20% steigt die Neugeborenen-Sterblichkeit messbar an. Auch die mütterli-

---

21 Zu den Indikationen zum Kaiserschnitt siehe auch *primärer* und *sekundärer* Kaiserschnitt im Glossar

22 Morbiditätsrate: zahlenmäßiges Verhältnis zwischen Kranken und Gesunden

chen Risiken sind deutlich höher als bei einer Vaginalgeburt. Das bedeutet, dass der Kaiserschnitt, der in Notfallsituationen sinnvoll ist, bei Gesunden mehr schadet als Nutzen bringt.

Zusätzlich gibt es auch organisatorische und finanzielle Gründe für einen Kaiserschnitt, denn dieser ist planbar und schneller durchzuführen. Der Arzt wird außerdem nach einem Kaiserschnitt deutlich besser vergütet und auch die Klinik profitiert finanziell von der operativen Entbindung. Eine Studie in Wien konnte belegen, dass Privatpatientinnen häufiger durch Kaiserschnitt entbunden werden als Kassenpatientinnen. Und eine kalifornische Studie zeigte, dass „for-profit hospitals" eine sechsmal höhere Kaiserschnittrate hatten als „non-profit hospitals". Da jedoch unnötige Kaiserschnitte ein Risiko für die Gesundheit von Müttern und Kindern darstellen, ohne gleichzeitig den Zustand des Neugeborenen zu verbessern, fordert die World Health Organisation (WHO), dass die Kaiserschnittrate selbst in Perinatalzentren 15% nicht übersteigen solle. Perinatalzentren sind Krankenhäuser, die speziell zur Versorgung von Früh- und Neugeborenen ausgestattet sind.

Eine weitere mögliche Ursache für die steigende Rate bei sekundären Kaiserschnitten könnte auch sein, dass die Schwangeren immer früher in die Klinik aufgenommen werden. Schon mit einem Befund von 0 bis 1 cm Muttermundseröffnung kommen die Frauen in die Klinik. Die Folge davon ist, dass die Geburtshelfer ungeduldig werden und ohne besondere Risiko-Indikation medikamentös in den Geburtsablauf eingreifen. Jedoch, wie bisher schon mehrere Studien gezeigt haben, wird, je mehr in den natürlichen Geburtsablauf eingegriffen wird, umso mehr die Geburt gestört, umso eher kommt es zu Kaiserschnitten oder traumatischen Geburtsabläufen. Wurden die Frauen zu früh im Kreißsaal aufgenommen, endete die Geburt dreimal so oft mit einem Kaiserschnitt. Werden die Frauen und Geburtshelfer besser informiert, muss es zu diesen Situationen nicht mehr kommen.

Auch Geburtsängste haben Einfluss auf den Geburtsmodus. Eine schwedische Studie verglich 100 Frauen mit hoher Geburtsangst mit 100 Frauen mit niedrigerer Geburtsangst. Hier zeigte sich, dass 68 der 100 Frauen mit hoher Geburtsangst sich einen Kaiserschnitt wünschten. Nach psychologischer Intervention wünschten sich noch 43 von 100 Frauen einen Kaiserschnitt. Schließlich wurden 43 Frauen per Sectio entbunden, alle waren aus der Gruppe der ängstlichen Frauen. Psychologische Motive führen also ebenfalls zur Entscheidung für eine Kaiserschnitt-Entbindung.

Laut Ingo Zimmermann waren Frauen, die sich einen Kaiserschnitt wünschten, „eher ungewollt schwanger geworden und hatten eine eher negative oder gemischte Einstellung bezüglich der Konsequenzen auf ihre Beziehung zum Kind“ (Zimmermann 2011, S. 28). Insgesamt ist bei der Kaiserschnittrate ein enormer Zuwachs aufgrund psychischer Indikationsstellung festzustellen. Der Wunsch nach einer Sectio ist durch erhöhte Angst und Depression gekennzeichnet. Wie eine Studie zeigen konnte, ist das Besprechen der Geburtswünsche mit den geburtshilflichen Experten sehr einflussreich auf die Entscheidung der Frauen. Dieses sollte im Sinne einer Prävention genutzt werden.

Bedeutung und Folgen für die Mutter

Sicherlich gibt es Situationen, in denen Frauen sich nach stundenlangem Abkämpfen und in Wehen liegen über die „(Er)Lösung“ Kaiserschnitt freuen. Aber viele Eltern – insbesondere die Mütter – haben nach einem Kaiserschnitt negative Gefühle wie Trauer, Selbstvorwürfe, Versagensgefühle, Trennungsängste, Gefühle der Verlassenheit sowie Wut gegen sich, gegen das Kind und gegen die Geburtshelfer. Ein Kaiserschnitt kann bedeuten, dass die Narben an Bauch und Seele die Frau durchs Leben begleiten und es für manch eine unter ihnen eine Herausforderung ist, mit dieser Narbe Frieden zu schließen.

Auch heute noch birgt ein Kaiserschnitt Risiken. Dazu zählen auf mütterlicher Seite zum Beispiel Narbenschmerzen, Verletzungen von Blase und Harnröhre, erhöhtes Infektionsrisiko und weitere Maßnahmen bei Komplikationen, Thrombosegefahr, ein insgesamt längerer stationärer Aufenthalt und nach wie vor häufigere mütterliche Todesfälle. Frauen mit einem Kaiserschnitt haben ein vier- bis zwölffach höheres Risiko bei der Geburt zu sterben. Zudem kann ein Kaiserschnitt zu Unfruchtbarkeit führen und im Falle einer Folgeschwangerschaft Auswirkungen auf diese haben: es besteht ein massiv, bis zu 90fach erhöhtes Risiko einer *Uterusruptur*, also ein Zerreißen der Gebärmutter, eine *Plazenta praevia* wird häufiger beobachtet, das heißt die Plazenta verdeckt den Geburtskanal. Zudem ist das Risiko einer Totgeburt bei einer Folgeschwangerschaft deutlich erhöht.

Kaum Erwähnung finden bei einem Kaiserschnitt die Schmerzen nach der Geburt. Diese sind im Vergleich zu einer Spontangeburt wesentlich höher. Auch *Wochenbett*-Komplikationen kommen nach einer Kaiserschnitt-Entbindung deutlich häufiger vor als nach einer Vaginalentbindung. Über einen langen Zeitraum sind die Frauen in ihrer Beweglichkeit eingeschränkt, denn noch sechs Monate nach der Geburt geben Frauen nach einem Kaiserschnitt mehr Schmerzen an als Frauen nach einer vaginalen Geburt. Besonders in den ersten Tagen sind die Frauen beeinträchtigt in ihren Bewegungen und damit auch in der Versorgung ihres Kindes. Dies birgt einen großen Risikofaktor zur Entstehung und Stabilisierung der Mutter-Kind-Bindung. Des Weiteren gibt es nach einem Kaiserschnitt häufiger Stillprobleme. Unter anderem liegen die Ursachen hierfür darin, dass sich durch den Kaiserschnitt die Hormonproduktion verändert. Besonders nach primären Kaiserschnitten sind Stillprobleme zu beobachten, das heißt, es fehlten die Wehen vor der Entbindung und die damit einhergehenden Hormonausschüttungen.

Die mütterlichen psychischen Reaktionen auf einen Kaiserschnitt unterscheiden sich in ihrer Ausprägung und in ihrer Dauer. Sie sind abhängig von verschiedensten körperlich-umweltbezogenen und psychisch-kulturellen Variablen. Durch Kaiserschnitt entbundenen Frauen bleibt häufig das Glücksgefühl des Gebärens versagt. Besonders, wenn eine Vollnarkose eingesetzt wird, fehlt den Frauen ein Stück der eigenen Biografie – und nicht irgendein Stück, sondern genau der Zeitpunkt, an dem sie durch die Geburt ihres Kindes von der schwangeren Frau zur Mutter werden. Einer australischen Studie zufolge ist nach einem Notkaiserschnitt das Risiko für eine

Frau an postpartaler Depression zu erkranken siebenmal höher als bei einer Spontangeburt. US-Forscher haben inzwischen sogar Unterschiede im Gehirn zwischen Müttern nach Spontangeburt und Müttern nach Kaiserschnitt feststellen können: Die zuständigen Hirnregionen der Mütter, die spontan entbunden hatten, reagierten deutlich aktiver auf Babygeschrei als die Hirne der Mütter nach Kaiserschnitt. In Zusammenhang gebracht wird das mit der vermutlich fehlenden Oxytocin-Ausschüttung. Tierversuche belegten auch, dass die Tiermütter ihre Jungen nach Kaiserschnitt nicht mehr annahmen.

Bedeutung und Folgen für das Kind

Viele Untersuchungen und Studien belegen, dass Kaiserschnitt-Kinder im Vergleich zu spontan Geborenen Nachteile haben. Einige Komplikationen können bei einer Kaiserschnitt-Geburt gehäuft auftreten. Zunächst kann auch das Kind durch Schnitte oder Schürfungen verletzt werden. Es kann an Sauerstoff-Mangel leiden, dadurch, dass die Schwangere während des Kaiserschnitts auf dem Rücken liegen muss, wodurch ihre eigene Aorta eingeklemmt ist, die letztlich auch das Kind mit versorgt. Die häufigste Todesursache für Neugeborene ist Atemnot.[23] Die Gefahr, dass Neugeborene daran sterben, ist nach einem Kaiserschnitt zwei- bis vierfach erhöht. Die Gewöhnung an die veränderte Umgebung außerhalb des Mutterleibes ist verzögert, die *Apgar*[24]-Werte sind niedriger und es konnten schlechtere Blutwerte festgestellt werden. Aus der Freiburger Säuglingsstudie ist bekannt, dass Säuglinge, die per Sectio entbunden wurden, in der Folge deutlich unruhiger sind und mehr schreien. Kinder, die keine Hormonausschüttung durch vorherige Wehentätigkeit erlebt haben, also bei primären Kaiserschnitten, produzierten weniger Zucker. Auch ist die schlechtere Anpassung an die extrauterine Umgebung meist auf die fehlenden Hormoneinflüsse durch vorherige Wehen zurückzuführen. Dies wird auch als „Kaiserschnitt-Schock-Syndrom“ bezeichnet.

---

23 Respiratory-Distress-Syndom (RDS) siehe Glossar

24 Der Apgar-Score ist ein Punkteschema, mit dem sich der klinische Zustand von Neugeborenen standardisiert beurteilen lässt. Siehe Glossar

Der mütterliche Hormoncocktail, der bei einer Spontangeburt freigesetzt wird, fördert die Reifung verschiedener kindlicher Organe. Durch die Wehenmassage wird das gesamte kindliche Nervensystem sowie Atmung und Reflexe stimuliert, zusätzlich wird das Fruchtwasser aus den kindlichen Lungen gepresst. Kommt es zu einem sekundären Kaiserschnitt, also nachdem die Wehentätigkeit bereits begonnen hat, waren die mütterlichen Wehenschmerzen demnach nicht umsonst. Das Kind hat von den bereits ausgeschütteten mütterlichen Hormonen profitiert. Auch der fehlende Hautkontakt direkt nach der Geburt kann Anpassungsschwierigkeiten des Kindes verursachen. Deshalb ist es ratsam, dass der Vater das Kind auf seine nackte Brust legt, bis die Mutter nach dem Kaiserschnitt soweit versorgt ist. Körperkontakt und Massage können dem Kind helfen, die durch den Kaiserschnitt fehlenden Erfahrungen zu kompensieren.

Allein die Tatsache, dass viele Kaiserschnittmütter ein schlechtes Gewissen ihren Kindern gegenüber haben, dass sie „versagt" haben und ihr Kind nicht natürlich gebären konnten und diesem womöglich dadurch keinen guten Start ins Leben ermöglichten, hat Auswirkungen auf die Mutter-Kind-Beziehung. Eine Frau, die sehr mit ihren eigenen Versagensängsten beschäftigt ist, kann sich nicht im gleichen Maße auf ihr Neugeborenes einlassen, wie es eine Mutter mit unbeschwerter Geburt tun könnte. Bei so genannten Schrei-Babys kann das exzessive Schreien oft auf die Erfahrungen des Kindes aus Schwangerschaft und Geburt zurückgeführt werden. Eine Kaiserschnitt-Geburt bedeutet für ein Kind immer eine traumatische Erfahrung. Man unterscheidet zwischen dem Trauma-Weinen, auch Erinnerungsschreien, und dem Bedürfnis-Weinen. Die Babys müssen ihre erlebten traumatischen Erfahrungen „erzählen" und sich mitteilen. In diesen Fällen ist die Feinfühligkeit der Mutter besonders wichtig, denn es ist ratsam, das Baby auf den Arm zu nehmen und ihm ganz viel Nähe zu geben, aber es sollte nicht versucht werden, das Schreien mit allen Mitteln (z. B. mit dem Schnuller) zu unterdrücken. Das Bedürfnis des Kindes, sich mitzuteilen und seine Gefühle zu äußern, sollte demnach nicht unterdrückt , sondern ernst genommen werden.

Die Folgen des Geburtsmodus Kaiserschnitt beeinträchtigen die Kinder nicht nur während und nach der Geburt, sondern begleiten sie möglicherweise ihr ganzes Leben. Handlungs- und Bewegungsabläufe bauen aufeinander auf. Prä- und perinatal eingeübte Verhaltensweisen, die nicht beherrscht werden, können ohne fremde Hilfe später auch nicht gelernt werden. Babys, die durch Kaiserschnitt geboren werden, fehlt die körperliche Erfahrung des Durchquerens des Geburtskanals, inklusive der Ausbildung einiger Reflexsysteme sowie das Erfolgserlebnis, nach einer großen Anstrengung aus eigener Kraft an ein Ziel zu gelangen. Nicht wenige Kaiserschnitt-Kinder werden bei Physio- oder Ergotherapeuten vorstellig, um diese fehlende Erfahrung zu kompensieren.

Professor Werner Lauff, Erziehungswissenschaftler an der Universität Hamburg, gibt in seinem Artikel „Der Kaiserschnitt aus erziehungswissenschaftlicher Sicht" noch weitere mögliche Folgen des Kaiserschnitts an, wie zum Beispiel Defizite in der Hand-Augen-Koordination. Diese machen sich oft erst bemerkbar, wenn die Kinder in der Schule sind, da sie dann Schwierigkeiten haben, in einer Zeile zu schreiben.

Eine groß angelegte norwegische Studie mit Daten von 1,7 Millionen Menschen im Zeitraum von 1967-1998 stellte einen Zusammenhang zwischen Kaiserschnitt und kindlichem Asthma her. Danach hatten per Kaiserschnitt Entbundene ein um 52% erhöhtes Risiko an Asthma zu erkranken. Im Zeitraum 1988 und 1998 wurde zusätzlich zwischen primärem (geplantem) und sekundärem (Notfall-) Kaiserschnitt unterschieden. Hier zeigte sich das Risiko an Asthma zu erkranken bei Notfall-Kaiserschnittgeborenen um 59% höher als bei „natürlich" Geborenen und bei Plan-Kaiserschnittgeborenen ein um 42% erhöhtes Risiko. Die Wissenschaftler führen zwei mögliche Gründe für den Zusammenhang zwischen Asthma und Kaiserschnitt an. Zum Einen kommen die Kaiserschnitt-Kinder während der Geburt nicht mit den mütterlichen Bakterien im Geburtskanal in Kontakt, die zum Aufbau des kindlichen Immunsystems von großer Bedeutung sind. Es zeigte sich, dass Kaiserschnitt-Kinder ein ganzes Jahr brauchen, bis ihr Darm den Vorsprung zu spontan geborenen Kindern aufgeholt hat, was die natürliche Besiedlung der Bakterien betrifft. Die dadurch mangelnde Ausreifung des Darmes begünstigt wiederum die Entstehung von Autoimmunkrankheiten und anderen. Auch haben Kaiserschnitt-Babys vermehrt mit Blähungen zu tun.

Zum Anderen werden das Fruchtwasser und bestimmte Gase während einer natürlichen Geburt aus der Lunge des Kindes gepresst, was beim Kaiserschnitt nicht der Fall ist. Diese Zusammenhänge erklären allerdings nicht den Unterschied zwischen primären und sekundären Kaiserschnitten. Bei primären Kaiserschnitten hatten die Schwangeren vorher die Möglichkeit, sich seelisch auf diese Geburtsform einzustellen. Möglicherweise spielen hier Ängste der Mutter eine Rolle.

Ilka-Maria Thurmann, Diplom-Pädagogin und Therapeutin für Menschen mit (Vor-)Geburtstraumen jeden Alters, weiß aus ihrer Erfahrung, dass es bei Kaiserschnitt-Geborenen zu psychischen Auswirkungen kommen kann. Diese zeigen sich, wenn sie nicht therapiert wurden, auch noch im Erwachsenenalter „als Abwehr von Körperkontakt, Problemen mit Intimität, als Bindungsschwierigkeit oder in Form von Misstrauen bzw. mangelndem Vertrauen [...]. Darüber hinaus haben diese Menschen häufig große Schwierigkeiten, Projekte aus eigener Kraft zu beenden" (Thurmann 2008, S. 85). Eine Kaiserschnitt-Geburt ist für das Baby immer traumatisch, da sie innerhalb weniger Minuten geschieht. Der Arzt muss das Baby fest packen, um es aus dem Bauch der Mutter zu entwickeln. Diese Prozedur muss das Baby passiv über sich ergehen lassen. Nicht selten wird das Kind dadurch in einen Schockzustand versetzt. „Naiverweise könnte man annehmen, der Kaiserschnitt sei für das Kind die eleganteste Art, jeglichen Geburtsstreß zu vermeiden und aufs angenehmste in die Welt gehoben zu werden. Dabei wird vergessen, daß ein Wechsel in zwei Minuten, den man sich sonst in einer Stunde oder mehr mit allen Kräften erarbeitet, eine Überforderung aller vegetativen Regulationssysteme bedeutet. Dazu kommt noch, daß das Kind, wenn es schon in das kleine Becken eingetreten ist, oft dort geradezu herausgezerrt werden muß, weshalb Kaiserschnittgeborene am Hinterkopf sehr empfindlich sein können" (Janus 2011a, S. 167f).

Zu einem zusätzlichen, bei Kaiserschnitt-Geburten nicht seltenem, traumatischen Prägungsfaktor kommt es, wenn Mutter und Kind nach der Geburt getrennt werden, dabei gilt: je länger die Isolation, desto prägender die Traumatisierung. Eine häufige Folge sind Bindungsprobleme, Stillschwierigkeiten und Schlafprobleme.

Ansatzpunkte

Der Kaiserschnitt soll nicht im Vergleich zur vaginalen Geburt gewertet werden. Es geht vielmehr darum, verantwortungsvoll mit diesem Thema umzugehen. In unserem Gesundheitssystem werden Mütter und Väter mit ihren Sorgen und Nöten nach einem Kaiserschnitt allein gelassen. Es werden derzeit kaum Hilfen zur Verarbeitung[25] angeboten. Ein unverarbeiteter traumatischer Kaiserschnitt kann auch zu Konflikten innerhalb des Paares führen. Missverständnisse, sexuelle Lustlosigkeit, Affären oder Verhaltensauffälligkeiten des Kindes können eine Folge davon sein. Auch für Väter kann eine Kaiserschnittgeburt zu einer traumatischen Erfahrung werden. Besonders im Fall einer Notsectio wird der Vater oft hektisch zur Seite geschoben, während seine Frau eilig in den OP gebracht und der Mann mit seinen Gefühlen und Ängsten allein gelassen wird. Selbst wenn Frau und Kind da sind, dreht sich zunächst alles um diese und der frisch gebackene Vater wird nicht nach seinen eigenen Bedürfnissen und Gefühlen gefragt. In einer entsprechenden Geburtsvorbereitung wäre es möglich, die Paare auf solche Situationen vorzubereiten. Die amerikanische Wissenschaftlerin Cynthia Mutry verlangt als Konsequenz aus den negativen Begleiterscheinungen eines Kaiserschnitts eine professionelle Betreuung aller Betroffenen, um ihnen die Möglichkeit zu geben, sich mit ihren Gefühlen rund um die Kaiserschnittgeburt auseinander zu setzen, damit sie dieses Erlebnis positiv verarbeiten können.

---

[25] Als eines der positiven Beispiele sei das Kaiserschnitt-Netzwerk genannt siehe: http://www.kaiserschnitt-netzwerk.de

Wie beeinflusst eine Frühgeburt die Bindung?

Kommt ein lebensfähiges Kind vor der 37. Schwangerschaftswoche (SSW), also mehr als 3 Wochen vor dem errechneten Geburtstermin auf die Welt, spricht man von einer Frühgeburt. In den meisten industriell entwickelten Ländern ist eine Zunahme der Frühgeburtenrate zu beobachten. Die Zahl der Frühgeburten in Deutschland liegt im europäischen Vergleich auf relativ hohem Niveau bei 9%. Als Erklärung für diese Entwicklung werden steigende Schwangerschaftsrisiken angeführt. Dazu zählen Umwelteinflüsse, Stress, soziale und psychische Belastungen, aber auch Rauchen und Drogenkonsum während der Schwangerschaft. Ebenso werden das gestiegene Durchschnittsalter der Schwangeren und die Häufung von Mehrlingsschwangerschaften nach künstlicher Befruchtung als Faktoren angesehen. Dank medizinisch-technischer Fortschritte überleben Frühchen heute schon ab der 24. Schwangerschaftswoche, vereinzelt sogar noch früher. Mit einer Frühgeburtlichkeit gehen für das Kind Risiken wie Entwicklungsstörungen und Regulationsstörungen, Störungen in der Beziehungsfähigkeit und des Verhaltens einher. Da in Deutschland etwa 60.000 Kinder pro Jahr zu früh geboren werden, ist die Frühgeburtlichkeit ein Thema, das von großer Relevanz ist.

Bei zu früh geborenen Kindern können sich durch die Unreife des Gehirns und durch die möglichen Schädigungen der verschiedenen Wahrnehmungsbereiche sensorische Integrationsstörungen in diversen Bereichen entwickeln. Diese können unter anderem auch Einfluss auf die Entstehung von Regulationsstörungen haben. Neben körperlichen Behinderungen treten bei Frühchen, die vor der 32. SSW geboren wurden, bei bis zu 70% Verhaltensstörungen auf wie beispielsweise: Essstörungen, Hyperaktivität, Koordinations- und Konzentrationsstörungen sowie depressives und ängstliches Verhalten.

Das Bedürfnis nach Sicherheit und Schutz durch eine Bindungsperson ist bei Frühgeborenen besonders ausgeprägt. Ohne diese zuverlässige emotionale Zuwendung können die Säuglinge nicht wachsen und gedeihen. Das hat auch die Wiener Kinderärztin Marina Marcovich erkannt und eine Methode entwickelt, wobei sie wann immer es möglich ist, auf den Einsatz vieler Medikamente und aufwendiger Technik an Frühchen, wie zum Beispiel die künstliche Beatmung, verzichtet. Sie bindet stattdessen die Eltern in die Pflege ein, indem diese viel Hautkontakt mit dem Kind herstellen. Diese Pflege wird auch Känguruh-Pflege genannt. Durch den Hautkontakt wird – wie bereits im Kapitel „Wird die Bindungsentwicklung hormonell gesteuert?" beschrieben – die Oxytocin-Ausschüttung angeregt. Das Kind wird getragen, gestreichelt und es wird mit ihm geredet. Das wirkt oft derart positiv auf das Kind, dass eine künstliche Beatmung nicht mehr notwendig ist. Häufig ist nicht die Frühgeburt Ursache der schweren Schädigungen, sondern die invasiven Methoden der medizinischen Behandlung. Der natürliche und liebevolle Umgang mit Frühgeborenen kann in vielen Fällen mehr bewirken als Brutkästen, künstliche Beatmung, komplizierte Geräte und Stress auf der Intensivstation. Mit dieser sanften Behandlung der Frühgeborenen, wie sie Marcovich praktizierte, konnten sich 90% der zum Teil sehr früh geborenen Kinder vollkommen normal entwickeln. Diese Behandlungsmethode gilt jedoch im medizinisch-neonatologischen Establishment als ‚unverantwortlich' und Marina Marcovichs Klinikabteilung wurde geschlossen, seitdem arbeitet sie als niedergelassene Kinderärztin in Wien.

Viele Eltern erleiden durch eine Frühgeburt ein psychisches Trauma. Sie befinden sich dann in einem Schockzustand, leiden an negativen Emotionen wie Schuldgefühlen, Selbstzweifeln, Versagensgefühlen und depressiven Verstimmungen. Diese Emotionen werden verstärkt durch den Stress der neonatologischen Behandlungen und die Sorgen um das Kind. Schon in den sechziger und siebziger Jahren forderten Forscher dringend, die Eltern der Frühchen psychotherapeutisch zu betreuen. Im deutschsprachigen Raum wurde das allerdings bisher nicht realisiert.[26] Eine standardmäßige Begleitung und Beratung bei Frühgeburten sollte eingeführt werden. Zur elternzentrierten Intervention gehört auch die Auflösung von ungelösten Belastungen

[26] Im Gegensatz beispielsweise zur USA: Hier wurden verschiedene Interventionsstudien mit unterschiedlichen Ansätzen durchgeführt.

und Traumatisierung der Eltern. Außerdem ist der Einbezug der Eltern in die Versorgung des Kindes von Vorteil.

Steuern Ängste den Geburtsverlauf mit?

Elternschaft ist oft ein Höhepunkt an Kraft und Vitalität für die Schaffung und Besiedlung einer neuen Welt. Es ist die Kraft der Frau, einen neuen Erdenbürger in sein Leben zu begleiten, ihn in ihr stark werden zu lassen, dass er das Abenteuer des Weltenwechsels der Geburt bestehen kann. Es ist auch die Kraft der Frau, dem Kind zur Realisierung dieser Transformation beizustehen. Durch die männlich dominierte patriachalische Gesellschaft wurde den Frauen diese Macht und Zuversicht in ihre Kraft Stück für Stück genommen. Ängstlichkeit setzte sich an die Stelle der Gewissheit und des Urvertrauens. Noch immer sind diese Auswirkungen so deutlich zu spüren, dass der Verlauf von Schwangerschaft und insbesondere der Geburt, denn diese stellt im Leben einer Frau selbst eine Grenzsituation dar, von großen Ängsten unterschiedlicher Art begleitet wird. Diese beinhalten physiologische Themen wie die Angst vor einem kranken Kind oder vor unerträglichen Schmerzen. Häufig ist auch, wie zuvor beschrieben, eine andere ungelöste psychologische Thematik von Relevanz. Viele Frauen etwa haben Angst vor dem Verlust der Selbstkontrolle, dem Ausgeliefertsein und dem eigenen Tod. Ist es der Frau nicht gelungen, gegen Ende der Schwangerschaft das Kind innerlich zu einer eigenständigen Person werden zu lassen, kommt es möglicherweise bei der Entbindung zu einer schmerzhaften Trennung von einem als Ich empfundenen Teil. Geburt bedeutet immer auch Verlust und Trauer: Die Frau nimmt Abschied von der Schwangerschaft, sie wird selbst eine Mutter und muss demnach Abschied nehmen vom eigenen Kind-Sein, oder von vorgeburtlichen Vorstellungen und Wünschen, nur dann kann sie sich auf das reale Kind einlassen.

Allgemein stellt die Geburt eine Umbruchsituation im Leben einer Frau dar. Im Laufe der Schwangerschaft ändern sich diese Ängste. Im ersten Schwangerschaftsdrittel herrscht vor allem die Angst vor einer Fehlgeburt vor. Im zweiten Schwangerschaftsdrittel drehen sich die Ängste vermehrt um die Gesundheit des Ungeborenen und gegen Ende ist die Angst vor der Geburt präsent. Dabei neigen Erstgebärende mehr zu Geburtsängsten als Mehrgebärende. Weitere Einflussfaktoren hinsichtlich der Entstehung von Schwangerschafts- und Geburtsängsten sind die Qualität der Partnerbeziehung, die Persönlichkeitsmerkmale der Frau, kritische Lebensereignisse und tägliche Stressoren, persönliche Ressourcen, eventuell vorangegangene Fehlgeburten und Komplikationen während der Schwangerschaft.

Schwangerschafts- und Geburtsängste werden als eine Form von pränatalem Stress verstanden. Diese wirken sich negativ auf den Geburtsverlauf aus und treten häufig zusammen mit postpartalen Problemen auf. Frauen, die ein hohes Ausmaß an vorgeburtlicher Geburtsangst zeigen, erleben die Geburt negativer und haben später eher Schwierigkeiten in der Beziehung zu ihren Kindern. Je ängstlicher die Frau ist, desto schmerzhafter empfindet sie die Geburt, desto mehr Geburtskomplikationen treten auf. Verspannungen im Beckenbereich führen zu längeren Geburtszeiten. Des Weiteren werden Geburtsängste in Zusammenhang gebracht mit Komplikationen wie Frühgeburtlichkeit, *tokolyse*pflichtigen vorzeitigen Wehen, also einer medikamentösen Behandlung derselben, oder einem zu niedrigen Geburtsgewicht des Neugeborenen.

In der Pränatalpsychologie ist schon länger bekannt, dass Frauen beim Gebären oft wesentliche Aspekte ihrer eigenen Geburt wiedererleben. Dies betrifft insbesondere die erste Geburt der Frau. Diese Erinnerungen an die eigene Geburt sind der Frau in der Regel nicht bewusst, denn sie sind im Körpergedächtnis gespeichert. Aus diesem Grund ist es hilfreich – so wie es beispielsweise in der Bindungsanalyse Standard ist – sich vorher über die eigene Geburt der Frau zu informieren. Kam die Frau als Frühchen, Kaiserschnitt oder Zangengeburt zur Welt oder hat sie andere gefahrvolle Situationen während der Geburt erlebt, kann das durch die Bindungsanalyse bearbeitet werden, was dann nicht auf die Geburt ihres Kindes übertragen werden muss.

Dadurch dass die Geburt meist in einer nicht vertrauten Umgebung mit Hilfe von Unbekannten stattfindet, werden die Geburtsängste oft nicht angemessen aufgefangen. Ratsam wäre deshalb eine Betreuung der Schwangeren durch ihr schon bekannte Hebammen und Ärzte mit den Zielen, die Bedrohlichkeit der bevorstehenden Geburt zu senken und die Schwangere zu unterstützen, um sie so weitgehend von der Angst zu befreien.

Der Geburtsstillstand ist eine der häufigsten Komplikationen der modernen Geburtshilfe und schlägt sich damit gravierend auf die mütterliche und kindliche Erkrankungsrate aus. Dieses Problem kann sehr vielschichtige Gründe haben. Es ist äußerst selten, dass das Kind zu groß für den Geburtskanal ist. Folgende psychosoziale Gründe können Auslöser für einen Stillstand der Geburt sein: Die Mutter ist möglicherweise noch nicht bereit, ihr Kind loszulassen, weil Erfahrungen aus der eigenen Lebensgeschichte sie daran hindern. Eine Missbrauchserfahrung der Mutter aus ihrer eigenen Kindheit könnte ebenfalls ein Grund sein.[27] Vielleicht hat die Mutter ihre eigene Mutterrolle noch nicht angenommen oder sie hat ihre eigene Geburt als traumatische Erfahrung nicht verarbeitet.

Hat eine Frau bei einer vorherigen Geburt eine Traumatisierung erlebt und noch keine Gelegenheit, dieses zu verarbeiten, ist es dem Geburtshelferteam im Kreißsaal nicht mehr möglich, der Gebärenden eine intensive psychosoziale Beratung angedeihen zu lassen. Ähnliches gilt, wenn die Frau durch das Erleben einer ähnlichen Situation an das Drama ihrer eigenen Geburt erinnert wird. Das Geburtshelferteam ist meist machtlos, wenn eine traumatisierte Frau den Geburtsweg „seelisch verschließt“. Sinnvoll wäre es deshalb, dass konsequenterweise jedes Baby, das unter traumatisierenden Umständen geboren wird - und mindestens jeder Kaiserschnitt zählt dazu - eine komplexe Nachbetreuung erhielte, damit es die Gelegenheit hat, sein Geburtstrauma zu verarbeiten.

[27] Sexuelle Traumatisierungen hängen nicht vom sozialen Status der Frau ab. Sie kommen in allen sozialen Schichten vor.

Ein nicht zu unterschätzender Faktor ganz anderer Art ist die medizinische Umgebung selbst. Dazu ist es für Klinikmitarbeiter notwendig, die Wünsche und Ängste der Gebärenden kennen zu lernen. Diese betreffen den Geburtsverlauf, das medizinische Personal, die Gabe von Medikamenten, Gebärmöglichkeiten (z. B. Unterwassergeburt), den Umgang mit Geburtseinleitung bei Terminüberschreitung und anderes. Nach der Entbindung wird für die *Wöchnerinnen* von Interesse, ob Rooming-In angeboten wird, so genannte Balkon-Bettchen zur Verfügung stehen, aber auch wie die Besuchszeit geregelt ist, wie mit dem Thema Stillen umgegangen wird, wie lange die Dauer des postpartalen Aufenthalts ist und einiges mehr.

96% der Schwangeren wünschen sich einen natürlichen Geburtsablauf möglichst ohne medizinische Manipulation wie wehenfördernde Medikamente oder Schmerzmittel. Die Frauen wünschen sich eine konstante Betreuung unter der Geburt durch ein Team, das ihnen vor der Geburt schon bekannt ist. Nach der Geburt wünschen sich die Frauen die unmittelbare Kontaktaufnahme mit dem Neugeborenen und schließlich eine Betreuung einer erfahrenen, ihnen bereits im Vorfeld bekannten Hebamme im eigenen Zuhause. Es wäre wünschenswert, wenn Kliniken sich laufenden Überprüfungen unterziehen würden, um sich an geänderte Patientenwünsche anpassen zu können.

Welche weiteren Faktoren können Einfluss auf den Geburtsverlauf nehmen?

So wie die Geburtsangst der Frau eine hemmende Rolle im Hinblick auf den Verlauf der Geburt einnimmt, so gibt es weitere Faktoren, die die Geburt hemmen oder negativ beziehungsweise positiv beeinflussen können. Michel Odent, Arzt und Mitbegründer der sanften Geburt, sowie Autor zahlreicher Bücher, betont immer wieder, wie wichtig es ist, der Frau Gelegenheit zu geben, sich ihren Instinkten, ihrem ‚alten Teil des Gehirns' hinzugeben.

Die hormonellen Wirkstoffe, die die Geburt steuern, entstammen aus den Hirnregionen Hypothalamus und Hypophyse. Wenn Frauen unter der Geburt die Möglichkeit haben, nicht von ihrem neueren Gehirn, dem Neokortex (Großhirnrinde), gehemmt zu werden, können sie eine ungestörte Geburt erleben und sich dem aus der Frühzeit stammenden Teil des Gehirns mit seinen Funktionen überlassen. Die Frauen geben dann ungehemmt Laute von sich und nehmen intuitiv für die Geburt förderliche Geburtspositionen ein. Aus diesem Grund sollte der Neokortex nicht durch Sprache, helles Licht oder das Gefühl des Beobachtet-Seins stimuliert werden, damit der natürliche Geburtsablauf nicht gestört wird. „Wird die Geburt nicht von außen gemanagt, so nimmt die Mutter intuitiv die Position ein, die ihrem hormonellen Gleichgewicht entspricht" (Odent 2005, S. 141).

Damit wird deutlich, dass nicht nur die Geburtsangst, die die Frau schon mit sich bringt, einen bedeutenden Einfluss auf den Geburtsablauf hat, sondern auch die Umgebung, die Umstände und besonders auch das Geburtshelferteam. In der Realität sieht das leider oft ganz anders aus: „Die einzige ‚sichere' Unterstützung, die Schwangere erfahren, ist das System der medizinischen Vorsorge, das durch das fehlende soziale und psychologische Netz als noch wichtiger und allmächtiger erlebt wird. Ebenfalls von Bedeutung ist auch der in Industrienationen weit verbreitete Glauben und das Vertrauen in die medizinische Machbarkeit. Damit einhergehend schwindet bei der Schwangeren und Gebärenden das Vertrauen in die eigenen Fähigkeiten und Kräfte" (de Jong/Kemmler 2003, S. 72).

Der Geburtsschmerz wird in Kliniken häufig durch die Gabe von Schmerzmitteln oder einer PDA[28] unterdrückt, beziehungsweise unterbunden. Das ist oft gerade der Moment, wo es darauf ankommt, sich den instinktiven Kräften im Sinne von Odent zu überlassen, beziehungsweise der Moment, den der Geburtshelfer Sven Hildebrandt als „Geburt der Mutter in der Geburt" genannt hat. Der Wehenschmerz setzt ein komplexes Zusammenspiel verschiedener Hormone in Gang, die für den Fortgang der

[28] Periduralanäshesie, s. Glossar

Geburt und das nachfolgende Bonding von enormer Bedeutung sind. Körpereigene Opiate und Endorphine schützen die Mütter vor allzu großen Schmerzen. Wehen werden sogar als „wichtiges Vorspiel fürs Bonding" angesehen. Die Schmerzmittelgabe blockiert dagegen die natürliche Hormonausschüttung. Nach einer PDA wird deutlich weniger Oxytocin ausgeschüttet. Da die Hormone plazentagängig sind, hat dies auch Auswirkungen auf das Kind. Die natürlichen Hormone bewirken die Wachheit und Zufriedenheit des Neugeborenen und fördern seine Atmungsaktivität. Werden die Schmerzen der Frau unter der Geburt blockiert, kann sie zudem nicht auf ihre Schmerzen reagieren und intuitiv geburtsfördernde Positionen einnehmen. Michel Odent berichtet, dass in Tierexperimenten Tiermütter ihre Jungen nicht annehmen, wenn während der Geburt die Schmerzen unterdrückt wurden.

In den Industrienationen gibt es keine konkreten Übergangsrituale für werdende Mütter mehr. Der Einzug der Medizin führte in der Geburtshilfe zu großen Erfolgen. Doch die Medizinalisierung brachte auch Schattenseiten mit sich. „Die Kehrseite dieser Medizinalisierung waren eine Entfremdung zwischen Mutter und Kind im Geburtsprozess, ein Verlust der psychologischen Dimension und ein Missachten der instinktiven Kräfte und Basisbedürfnisse von Mutter und Kind" (Janus 2011c, S. 58). Einen wichtigen Einfluss auf das Geburtserleben hat der Umstand, ob Frauen sich während der Geburt umsorgt und betreut fühlen und nicht einsam sind. Das zeigen entsprechende Studien. Als weitere positive Faktoren gelten, dass Hebammen oder Ärzte sich nicht bevormundend zeigen. Eine positive Beziehung zu Hebamme und Arzt ist in jedem Fall von Vorteil. Die Geburtshelfer sollten untereinander harmonisieren und keinen gestressten Eindruck machen. In einer Studie wird deutlich, dass manche Ärzte es als eine Bedrohung der eigenen Professionalität betrachten, wenn Schwangere sich Fachwissen aneignen. Sie halten Vorstellungen von Schwangeren von einer „sanften Geburt nach Leboyer" beispielsweise für unrealistisch. Die nichtmedizinischen Bedeutungen von Geburt werden skeptisch und konkurrierend betrachtet. Aus der Studie der Ärztin Helga Maria Schuckall wird deutlich, dass für

52% der Frauen am ehesten die Hebamme die Angst vor der Geburt nehmen konnte gegenüber 17%, denen der Gynäkologe am besten die Angst nahm. Auch aus anderen Studien wird deutlich, dass der Hebamme eine so genannte Schlüsselfunktion zukommt. Sie ist maßgeblich für ein positives Geburtserlebnis. Diese Zahlen belegen, wie wichtig die Unterstützung der Hebammen während der Geburt ist und auch, dass die Hebammen in beziehungsgeleiteter Geburtshilfe geschult sein müssen. „Weder Schmerzmittelgabe noch PDA haben relevante Auswirkungen auf das Geburtserleben. Im Gegensatz dazu scheint die Zufriedenheit der entbundenen Frauen von ihrer Geburtserwartung, der Qualität der Beziehung zum geburtshilflichen Team und der Einbeziehung der Gebärenden in die Entscheidungen abzuhängen" (Schuckall et al. 2010, S. 373).

Nicht nur die Gebärenden stehen unter dem Einfluss der Erfahrungen ihrer eigenen Geburt. Auch die Geburtshelfer „sind von ihren ins Unbewusste verdrängten Urängsten nicht frei. Insbesondere, wenn sie sich dieser Situation nicht bewusst sind, besteht die Gefahr, dass sie ihre eigenen Geburtserlebnisse in gewisser Weise auf ihre Patientinnen übertragen" (de Jong/Kemmler 2003, S. 91f). Eine Klärung der eigenen Geburtserfahrungen für Geburtshelfer erscheint aus psychotherapeutischer Sicht sinnvoll, damit die Geburtshelfer nicht in ein wiederholtes Agieren im beruflichen Feld oder innere Belastungen geraten. Die Sicherheit während der Geburt ist demnach nicht nur durch die Ängste der Gebärenden bedroht, sondern auch durch die Ängste der Geburtshelfer. Die „professionelle Angst", wie der Gynäkologe Sven Hildebrandt die Angst der Geburtshelfer nennt, ist für ihn ein Hauptrisikofaktor in der modernen Geburtshilfe.

Auch kindliche Faktoren können zu einem Geburtsstillstand führen. Das Kind kann durch kleine Haltungsänderungen den Geburtsfortschritt wirkungsvoll blockieren und den Geburtsstillstand damit aktiv herbeiführen. Laut Hildebrandt ist dieses Verhalten meist eine Reaktion auf eine Beziehungsstörung. „Wenn sich das Kind bei der Geburt ‚mutter- bzw. vaterseelenallein' fühlt, kann es mit Abwehr und Blockade reagieren“ (Hildebrandt/Göbel 2011, S. 21). Während der Geburt kann mit dem Kind, wie mehrfach erwähnt, kommuniziert werden. Besonders die auditive und taktile Wahrnehmung ist während der Geburt nicht abgeschaltet. Worte und Lieder der Mutter oder des Vaters sowie zärtliche Berührungen durch die Bauchdecke können das Kind beruhigen. Erstaunlich ist auch die Erfahrung von Hildebrandt, dass es häufig zu einer eindeutigen Stabilisierung nach einem auffälligen CTG[29] kam, wenn die Geburtshelfer der Mutter diesen Satz sagten: „Bringen Sie Ihr Kind zum Lächeln!“ (Hildebrandt/Göbel 2008, S. 167) Gelingt es nicht, den Kontakt zwischen Mutter und Kind wieder herzustellen, kann dies während der Geburt zu schwerwiegenden Komplikationen führen. Auch hier gilt wieder für alle an der Geburt Beteiligten: je früher mit der Prävention angefangen wird, desto besser.

Wie prägt die Geburtserfahrung unser Leben?

Nicht nur für die Mutter ist die Geburt eine bleibende Erfahrung. Die Art der Geburt ist auch für das Erleben des Kindes von großer Bedeutung. Die Erfahrungen, die das Kind während der Geburt macht, die Art und Weise, wie es zur Welt kommt, ob Interventionen vorgenommen werden oder nicht, all das wird sich in seinem späteren Leben als prägend erweisen. Die enormen Druckbelastungen, die das Kind während der Geburt erfährt, oft auch mit Verformungen des kindlichen Schädels, weisen auf das Ausmaß des existenziell-körperlichen Ereignisses hin. Dieses bildet sich deshalb in besonderer Weise im Körpergedächtnis des Kindes ab und ist noch Jahre später durch Druck und Massage abrufbar.

In einer US-amerikanischen Studie wurden Säuglinge mit einem schwierigen Geburtsverlauf verglichen mit Säuglingen, die keine schwierige Geburt erlebt hatten. Vier und sechs Monate nach der Geburt wurden die Säuglinge während einer Stresssituation, eine zu der Zeit ohnehin vorgenommene Injektion, beobachtet und der Cortisolspiegel gemessen. Die Säuglinge, die eine schwierige Geburt erlebt haben,

29 CTG: Kardiotokograph: Herztonwehenschreiben

zeigten eine bedeutend höhere Stressreaktion als Säuglinge, die eine problemlose Geburt erlebt haben.

Der Geburtsablauf ist ungeheuer sensibel, denn er kann sehr leicht gestört werden. Janus ist der Meinung, dass insbesondere der hohe Einsatz von Medikamenten in der modernen Medizin, welcher mit verschiedensten Interventionen einhergeht, „ein bedeutsamer Hintergrund für das Ansteigen von ADHS sein könnte" (Janus 2011c, S. 106). Seelische Folgewirkungen von medizinischen Interventionen sollten von allen Geburtshelfern bedacht werden. Wenn die Belastungen unter der Geburt, welche nicht selten zu Geburtstraumata führen, auf soziale Konflikte und Überforderungen seitens der Eltern treffen, werden die Lebens- und Entwicklungsmöglichkeiten eines Menschen aufs äußerste strapaziert. Geburtstraumata werden insbesondere durch zweierlei Ereignisse verursacht: perinatale traumatische Zwischenfälle und die Reaktion des Babys auf diese traumatischen Zwischenfälle. Ein Trauma ist abhängig von der subjektiven Beurteilung.

Eine andere Art von Trauma ist das „Teilhabe-Trauma". Bei diesem wird der Geburtsstress der Eltern dem Baby direkt durch die Nabelschnur übermittelt. Es ist daher nicht möglich, von einem Geburtstrauma allein bei Mutter oder Kind zu sprechen, da durch die direkte Verbindung der Nabelschnur noch während der Geburt Hormone ausgetauscht werden. Bei einem Geburtstrauma sind stets beide betroffen. Somit tragen auch beide die Auswirkungen des Traumas.

Die Geburt und die Zeit danach sind derart einschneidende Ereignisse im Leben eines Menschen, dass hier eine Art Programmierung geschieht. Insbesondere die ersten 72 Stunden bilden ähnlich einer Schablone das Verhalten des Babys aus. Diese Verhaltens- und Erfahrungsmuster werden in beherrschender Form dauerhaft und meist unterbewusst angelegt und begleiten den Menschen durch das ganze Leben. Vor allem in akuten Stress- oder Übergangssituationen können sie dann ständig wieder aktualisiert werden. Dies müssen nicht notwendigerweise starke Stresssituationen sein. Jede Veränderung, jede Trennung, jeder Umzug, kleinere wie größere Ortswechsel und Prüfungen lösen Stress aus und können das Geburtsmuster aufs Neue reaktivieren. Dieses Muster wird bei höherem Stressniveau stärker reaktiviert. Es handelt sich dabei sowohl um die psychische Befindlichkeit der Erlebnismuster als auch um die rein mechanisch-körperlichen Stressprogramme des Körpergedächtnisses. Auch ohne äußere Störungen ist die Geburt eine stressintensive Zeit. Zu keinem anderen Zeitpunkt im Leben wird soviel Adrenalin produziert und ausgeschüttet wie in diesen Stunden.

William Emerson, führender Pionier im Bereich der Pränatalen Psychologie und insbesondere der psychotherapeutischen Behandlung von Babys und Kindern mit prä- und perinatalen Traumata, kam bei seinen Untersuchungen zum Ausmaß perinataler Traumata zu sehr hohen Prozentsätzen der Betroffenen: demnach hatten „45 Prozent der untersuchten Personen [ein] starkes Trauma, 50 Prozent [ein] leichtes bis mäßiges Trauma, nur 5 Prozent zeigten keinen Hinweis auf Geburtstraumen" (Emerson 1997, S. 135).

Anders ausgedrückt, werden durch die Art der Geburt und die Irritationen, welche Mutter und Kind durch Störungen von Außen erfahren, nachhaltige und weitreichende Entwicklungsbehinderungen verursacht. Diese auch unbewussten Geburtserinnerungen sind derart lang nachhallend, dass es einen Zusammenhang zwischen der Art der Geburt und dem selbst gewählten Freitod gibt. In einer Studie konnte dieser Zusammenhang festgestellt werden: War die Geburt ein Gewaltakt, wählten die Selbstmörder eine gewaltsame Todesart, wie beispielsweise vor den Zug springen. Wurden während der Geburt vermehrt Betäubungsmittel eingesetzt, wurden auch zur Selbsttötung meist Medikamente gewählt und Ähnliches. In einer weiteren Studie wurden jugendliche Selbstmörder untersucht. Nach der Befragung der Mütter stellte sich heraus, dass überdurchschnittlich viele von diesen Jugendlichen einen Abtreibungsversuch ihrer Mutter überlebt haben. Als ein erstaunliches Nebenergebnis konnte festgestellt werden, dass die Suizidversuche häufig am Jahrestag der fehlgeschlagenen Abtreibung stattfanden. Diese Forschungsergebnisse sind auch in umgekehrter Richtung zu interpretieren, denn eine positiv verlaufene Geburt ist gleichbedeutend mit einem Schutzfaktor für das Kind und einer höheren Wahrscheinlichkeit zur Ausbildung einer sicheren Bindung.

Wie können Geburtsängste reduziert werden?

Die Physiotherapeutin Angela Heller hat durch jahrzehntelange Arbeit in der Weiterbildung für Hebammen, Physiotherapeuten und Ärzten in der Geburtshilfe viele Erfahrungen sammeln können. Ihre Methode der Geburtsvorbereitung beruht auf einem ganzkörperbezogenen, funktionellen Konzept, bei dem die natürliche Verhaltensweise der Frauen bei der Geburt gefördert werden soll. Aus ihrer Sicht ist die Geburtsvorbereitung „notwendig, weil körperliche und geistige Voraussetzungen bei den meisten Frauen nicht genügend ausgebildet sind, wie sie gebraucht würden, um ein Kind ‚natürlich' zu gebären" (Heller, 1998, S. 4). Sie führt das hauptsächlich zurück auf einen gestiegenen beruflichen Leistungsdruck, mangelnde körperliche Betätigung, einseitige Ernährung, ein Pseudowissen über Schwangerschaft und Geburt, das durch die Medien beeinflusst und überfrachtet ist, und noch einiges mehr. Auch gibt es viele Frauen, die gar nicht gelernt haben, mit Schmerz umzugehen. Schon als Kind werden sie von ihren Eltern, oft bei Leistungsdruck in der Schule, mit Medikamenten behandelt und später greifen sie selbst bei geringen Schmerzen, beispielsweise während der Regelblutung, zu schmerzstillenden Medikamenten. Heller berichtet aus ihrer eigenen Geburtsvorbereitung, „daß auch bei unseren Frauen in heutiger Zeit natürliches Gebärverhalten ‚schlummert', welches es nur zu wecken gilt" (Heller 1998, S 5). Das schafft sie, indem sie den Frauen wenige Hinweise gibt und daraufhin nehmen erstaunlicher Weise alle Frauen eine gebärfreundliche Position ein.

Eine gute Geburtsvorbereitung ist auch im Buch „Geburtscoaching – Geburtsbonding. Das Kind bringt sich mit Hilfe der Mutter zur Welt" von Gunhild Knöbl beschrieben. Gunhild Knöbl stärkt in ihrer Geburtsvorbereitung vor allem die Mutter-

Kind-Bindung und die ureigensten Kräfte der Frau und weckt damit das Urwissen um das Gebären.
Dass Angst während der Geburt eine der hauptauslösenden Ursachen für Schmerz und damit für Komplikationen während der Geburt ist, beobachtete schon der englische Geburtshelfer Grantly Dick-Read (1890 – 1959). Um den Angst-Spannungs-Schmerz-Kreislauf zu durchbrechen, empfahl er schon 1933 eine Aufklärung während der Schwangerschaft, körperliches Üben, Entspannungsübungen, Atemtechniken und eine geschickte psychologische Begleitung während der Geburt. Helmut Lukesch, österreichischer Psychologe, stellte bereits 1981 psychologische Geburtsvorbereitungs- und Geburtsleitungsmethoden vor, die, durch Studien nachgewiesen, positive Effekte auf die Geburt erzielten.

Nach einer Befragung wünschen sich Frauen bessere Information zu der Tätigkeit von Hebammen. Besonders, dass Hebammen die Frauen schon in der Schwangerschaft begleiten können, ist noch immer viel zu wenig im öffentlichen Bewusstsein verankert. Dabei fühlen sich nach dieser Befragung Frauen, die schon in der Schwangerschaft durch eine Hebamme betreut wurden, viel besser informiert. Dies gilt noch mehr für Frauen, die mit einer Beleghebamme in das Krankenhaus gegangen sind. Zu einer guten Beratung von Schwangeren gehört also auch die Information über das Aufgabenfeld der Hebammen, denn die meisten Gynäkologen klären die Schwangeren nicht darüber auf, dass sie die Vorsorgeuntersuchungen auch von einer Hebamme durchführen lassen können. In Deutschland gelten derzeit vielmehr Vorsorgeuntersuchungen und Geburtsvorbereitungskurse während der Schwangerschaft, der Geburt und der Zeit danach ausschließlich als medizinische Hilfestellungen. Das Erleben der Geburt ist insbesondere abhängig von eigenen Erfahrungen, der Qualität der Partnerschaft sowie der Geburtsvorbereitung, was sich unabhängig von medizinischen Komplikationen erweist.

Welch bedeutenden positiven Einfluss die Mutter-Kind-Bindungsanalyse auf die Geburt und ihren Verlauf ausübt, wird immer ersichtlicher. Das Fallbeispiel aus der

Bindungsanalyse von Jenö Raffai zeigt dies eindrücklich: Das Kind drehte sich von der Steiß- in die Schädellage, nachdem die Mutter ihm erklärte, dass sie in Steißlage geboren wurde, doch dass dies nicht seine Geschichte sein müsse (vergleiche Kapitel „Wie fördert die Bindungsanalyse die Mutter-Kind-Bindung?“).

Welche Vorteile hat eine beziehungsgeleitete Geburtshilfe?

„Wenn man die Grundaussagen der so genannten ‚Bindungstheorie' liest, fragt man sich, warum dieses Wissen nicht schon viel früher zum menschlichen Kulturgut gehörte“ (Hildebrandt 2011, S. 149). Die Frauen der Eipo, einer Jäger-und-Sammler-Kultur in Neuguinea, haben als Mädchen und junge Frauen viele Geburten miterleben können, bevor sie selbst gebären. Anders als die Jugendlichen unserer Kultur wissen sie daher ungefähr, was sie zu erwarten haben. Das vermag die Angst zu mindern, die einen negativen Effekt auf die Physiologie der Geburt ausübt. In traditionellen Kulturen werden Gebärende begleitet von einer Schicksalsgemeinschaft. Sie steht der werdenden Mutter mit emotionaler Fürsorge und magischen Identifikationen zur Seite. „Diese emotionsgebundene Schicksalsgemeinschaft um die Gebärende als Zentrum ging bei uns zugunsten der sie umgebenden Technologien und der durch äußere Umstände ausgelösten Verlegung der Geburt aus dem häuslichen Milieu in die Klinik verloren“ (Kirchhoff 1986, S. 6).

Wohl über 100 000 Jahre lang wurde die Geburt eines Menschenkindes durch wenigstens eine erfahrene Frau begleitet. Aus der anthropologischen Forschung ist bekannt, dass auch heute noch in nicht industrialisierten Gesellschaften die Geburt meist von einer erfahrenen Frau begleitet wird. Ethnomediziner Wulf Schiefenhövel kritisiert die in westlichen Kulturen heute gängige technisierte Geburtsmedizin, die deutlich vom ursprünglichen evolutionsbiologischen Modell entfernt ist. Die Mutter-Kind-Dyade wird nicht mehr respektiert, und es wird in die leicht irritierbaren Prozesse des Bondings eingegriffen.

Eher zufällig entdeckten vor mehr als 30 Jahren die amerikanischen Kinderärzte und Bindungsforscher Marshall Klaus und John Kennell bei ihren Studien zum

Stillen, welch positive Wirkung eine weibliche Forschungsmitarbeiterin auf den Verlauf der Geburt und die Gesundheit von Mutter und Kind hatte, wenn sie der Gebärenden während der Entbindung gut zusprach. Aus diesen positiven Beobachtungen über eine kontinuierliche perinatale Unterstützung entstand der Beruf einer „*Doula*". Eine Doula ist eine ausgebildete Geburtsbegleiterin, die selbst auch entbunden hat und die „der in den Wehen liegenden Frau kontinuierliche körperliche, emotionale und nicht-medizinische Unterstützung angedeihen läßt" (Kennell 2008, S. 158). Die Doula ersetzt den Partner nicht, sie unterstützt ihn und zeigt ihm, wie er behilflich sein kann und kann auch ihm so die Ängstlichkeit nehmen.

Da Hebammen und andere Geburtshelfer meist zeitlich sehr eingespannt sind und deshalb die kontinuierliche emotionale Unterstützung nicht immer leisten können, ist die unterstützende Tätigkeit einer Doula hilfreich. Eine Zusammenfassung mehrerer Studien zu perinatalen Effekten, konnte aufzeigen, dass eine kontinuierliche Unterstützung durch eine Doula die Häufigkeiten folgender Parameter reduzierte: „Kaiserschnittentbindungen gingen um 50% zurück, der Einsatz von Zangen um 40%, Bitten um *Epiduralanästhesie* um 60%, der Bedarf an Schmerzmitteln um 30%, eine Oxytocinanwendung um 40%, und die Dauer der Wehen sank um 25%" (Kennell 2008, S. 159). Auch konnten Vorteile für das Kind festgestellt werden. Die Unterstützung einer Doula während der Geburt führte sogar noch zwei Monate nach der Geburt zu einer deutlich positiveren Ausprägung in den Interaktionen zwischen Mutter und Kind. Das zeigt nicht nur, wie positiv die Arbeit der Doula sich auf die Geburt auswirkt, sondern auch, wie nachhaltig das positiv erlebte Geburtserlebnis sich auf die Mutter-Kind-Interaktion auswirken kann. Die Doula-Unterstützung während der Geburt spricht deutlich für eine verbesserte Mutter-Kind-Interaktion und damit für eine sichere Bindung.

Bekannter ist bei uns aber die Hebamme. Ihre Arbeit unter der Geburt kann besser sein, wenn sie das Paar schon vor der Entbindung kennen gelernt hat. Sie kann sich speziell auf dieses Paar vorbereiten, sie kennt gegebenenfalls medizinische Hintergründe und die Erwartungen des Paares und kann so individuell auf die Paare eingehen. Die Hebammen sollten vermehrt in die Schwangerenbetreuung mit einbezogen werden, um dies zu gewährleisten. Es reicht nicht aus, wenn die Hebamme die Paare nur im Geburtsvorbereitungskurs kennen lernt, wenn sie individuell auf das Paar eingehen müsste.

In unserer kinderarmen Gesellschaft scheint nach Hildebrandt die Angst zuzunehmen, dass „keinesfalls ‚etwas schiefgehen' darf, [sie] mündet in ein übersteigertes Sicherheitsbedürfnis, das sich in einer ganzen Palette von ‚Vorsichtsmaßnahmen' äußert – beginnend mit einer irrationalen Pränataldiagnostik und endend mit einem Wunsch-Kaiserschnitt im Neonatalzentrum" (Hildebrandt 2009, S. 354). Diese Angst scheint umso größer, je weniger Kinder geboren werden und je technisierter die Geburtsmedizin ist. Dabei wird der „Faktor Mensch" völlig unterschätzt und zu Gunsten teurer Geräte oft wegrationalisiert. Die Technisierung scheint Sicherheit zu suggerieren, welche zugleich Ängste vor sozialer Ächtung heraufbeschwören, wenn die Technisierung abgelehnt wird.

Bedeutung des Bondings

Obwohl die Bedeutsamkeit des Bondings nicht mehr neu ist, wird in Krankenhäusern immer noch zu wenig auf die sensiblen Bonding-Prozesse eingegangen. Realität ist, dass die emotionalen Belange von Mutter und Kind zu wenig beachtet werden, stattdessen steht die Klinikroutine im Vordergrund. Die Zeit, in der das Baby auf den Bauch der Mutter gelegt wird, ist meist viel zu kurz. Danach wird der Säugling von der Mutter getrennt, um ihn zu messen, zu wiegen und anzuziehen. Diese 20 Minuten der Trennung reichen schon aus, um die angeborenen Stillreflexe zu stören. Auch ist das gegenseitige Kennenlernen in der Zeit, in der Mutter und Kind getrennt sind, nicht möglich. Um den Bonding-Prozess nicht unnötig zu stören, ist es völlig ausreichend, das Wiegen, Messen und Anziehen auf den Zeitpunkt nach dem ersten Stillen zu verschieben. Die erste ärztliche Untersuchung des Kindes, die so genannte U1, kann sogar auf dem Bauch der Mutter durchgeführt werden. In einer australischen

Studie wurden Hebammen um ihr Wissen zum Bonding-Prozess befragt. Diejenigen, die über die Bedeutung des kontinuierlichen und ununterbrochenen Hautkontakts informiert waren, ließen diesen auch zu. Ein wichtiger Ansatzpunkt ist hier also die Fortbildung von Hebammen und Geburtshelfern. Hilfreich ist auch das Nachfragen der Eltern, ob die Hebammen zu Bindungsprozessen geschult sind.

Bindungs- und Beziehungsaspekte zwischen Mutter und Kind sind bedeutsame Faktoren hinsichtlich der Geburtsrisiken. Die Erkenntnisse der Bindungsforschung sollten daher mehr in die Betreuung von Schwangeren, Gebärenden und Wöchnerinnen einfließen. Weil unser Bindungsverhalten von unseren Geburtserfahrungen in direkter Weise abhängt und die elterlichen Bindungsmuster oft an die Kinder weitergegeben werden, kann professionelle Begleitung nicht nur wünschenswert, sondern bei Bindungsstörungen auch notwendig sein. Ärzte, Hebammen und Krankenschwestern sollten daher in der Bindungstheorie sowohl theoretisch als auch in der praktischen Anwendung und Anleitung geschult sein. Zudem sollten die Bindungsmuster der Helfer hinterfragt werden. Welche Bindungsmuster haben sie selbst? Sind ihnen die Phänomene der Übertragung bekannt?

Die Rolle der Väter im Kreißsaal

Heute ist es zur erfreulichen Normalität geworden, dass die Väter im Kreißsaal dabei sind. Für die meisten Mütter stellt dies im eher anonymen, technisierten Geburtserleben eine Art emotionale Rettungsinsel dar, welche als Verbindungselement und auch rückblickend als Erinnerungshelfer genutzt wird: „Gott sei Dank durfte mein Mann bei mir bleiben [...] Niemand ahnt wahrscheinlich, wie wichtig es für mich war, die entstandenen Lücken im Geburtsverlauf durch Erzählungen meines Mannes schließen zu können. Abgesehen davon, hätte ich es ohne meinen Mann nicht geschafft. Allein sein Gesicht unter all den fremden Gesichtern zu sehen, hat unendlich geholfen und ohne seine Hand wäre ich nicht in der Lage gewesen, noch mal alle Kraft zu mobilisieren“ (Scheele 1998, S. 156).

Dieses Beziehungs-unterstützende Element, eine vertraute Person im Geburtsmoment verfügbar zu haben, ist mittlerweile allgemein verbreitet. Es stellt sich die Frage, ob der inzwischen als normal angesehene Zustand zur sozialen Pflicht wird. Nicht unkritisch wird hier darauf hingewiesen, dass mit der Anwesenheit des Vaters eine weitere Person mit Erfahrungen, Bindungsstil und Ängsten anwesend ist. Auch Männer erfahren in dem Moment der Geburt individuelle Hoffnungen, Wünsche, Phantasien und Ängste. Die Anwesenheit bei der Geburt erfolgt von den Männern nicht notwendigerweise freiwillig. „Aus Sicht des Vaters ist die Anwesenheit bei einer Geburt für ihn eine der undankbarsten Rollen. Er kann Hand halten, Mut zusprechen, stützen, kann mitatmen, mitleiden und doch bleibt er Zuschauer“ (Neises 2000, S. 208). Es ist daher nicht nur wichtig, die Väter als vertraute Bezugspersonen für die Mütter und Bindungspersonen für die Kinder teilhaben zu lassen. Es ist ebenso wichtig, auch die Väter voll in den Prozess einzubinden, was zuvor von Müttern und Geburtshelfern gefordert wurde. Dabei sind die väterlichen Anteile der erlebten eigenen Geburt, Traumata, Hoffnungen, Wünsche und insbesondere Ängste zu berücksichtigen.

In der Bindungsanalyse besteht die Möglichkeit, den Vater in den Bindungsaufbau zu integrieren und auch auf seine Erfahrungen und Ängste einzugehen. Die Rolle des Vaters wird häufig unterschätzt. In einem Beispiel der Bindungsanalyse bekam eine Frau vorzeitige Wehen und musste stationär aufgenommen werden. Der Grund hierfür war zunächst nicht zu erkennen. Schließlich stellte sich durch Nachfragen heraus, dass der Vater des Kindes selbst eine Frühgeburt war und zwar in der gleichen Schwangerschaftswoche geboren, in der bei seiner Frau vorzeitige Wehen auftraten. Die Frau erklärte ihrem Kind, dass es das Schicksal seines Vaters war, zu früh geboren zu werden, dass es aber nicht die gleiche Geschichte wie sein Vater haben müsse und es besser wäre, sich noch Zeit zu lassen. Damit hörten die vorzeitigen Wehen auf, die Frau konnte das Krankenhaus verlassen und das Kind wurde schließlich reif geboren.

Was bewirkt die unterschiedliche Betreuung im Wochenbett?

Der Begriff Wochenbett beruht darauf, dass die gebärende Frau früher 6 Wochen lang das Bett hüten musste. Das Wochenbett beginnt nach der Geburt der Plazenta und dauert etwa 4-6 Wochen. Sehr häufig bleiben die Frauen, die in Kliniken entbinden, einige Tage stationär auf der Wöchnerinnenstation im Krankenhaus. In diesen Fällen kann das gesamte Personal, das in den ersten Tagen Kontakt zur Mutter-Kind-Einheit hat, Einfluss auf die Entstehung der Mutter-Kind-Bindung haben.

Wie wichtig es für Wöchnerinnen ist, dass auf ihre seelische Situation gefühlvoll und sensibel eingegangen wird, macht die Freiburger Säuglingsstudie deutlich. Sie besagt, dass Säuglinge, die mit ihren Müttern das Wochenbett zu Hause verbracht haben, sich von der zweiten bis zur fünften Woche statistisch deutlich ruhiger verhielten als diejenigen, die diese Zeit im Krankenhaus verbracht haben. Unterscheidet man diejenigen Mütter, die den Klinikaufenthalt als sehr belastend erlebt haben, von denen, die den Aufenthalt nicht als belastend erlebt haben, zeigt sich, dass die Mütter mit einem als belastend erlebten Klinikaufenthalt im gesamten ersten Vierteljahr durchweg unruhigere Säuglinge hatten, als die Mütter, die das Wochenbett zu Hause verbracht haben. Auch die Erkrankungswahrscheinlichkeit des Säuglings nach dem Wochenbett hing in der Studie vom Aufenthaltsort des Wochenbetts zusammen. In absoluten Zahlen erkrankten nach dem Wochenbett 25 von 63 Säuglingen, die mit ihrer Mutter das Wochenbett im Krankenhaus verbracht haben. 2 von 14 Säuglingen erkrankten nach einer ambulanten Geburt, einer von 15 Säuglingen erkrankte, nachdem er in einer Hebammenpraxis zur Welt kam, und schließlich erkrankte kein einziges Kind der 11 Hausgeburten.

Den Kliniken ist es offensichtlich bisher noch nicht in jedem Fall gelungen, dem Mutter/Eltern-Kind-Paar den schützenden ‚Nest-Charakter' zu bieten, den diese in der Zeit nach der Geburt benötigen. Die Geburts- und Wochenbettbedingungen sind in der westlichen Kultur zu technisiert und dadurch wenig an den Bonding-Prozess angepasst. Da die Betreuungspraktiken unter der Geburt und im Wochenbett zum Teil deutlich vom ursprünglichen evolutionsbiologischen Modell entfernt sind, könnte dies ein ausschlaggebender Faktor für das vermehrte Schreiverhalten der Säuglinge in westlichen Kulturen sein.

Welche Bedeutung hat Rooming-in und Bedding-in?

Viele Krankenhäuser praktizieren auf der Wöchnerinnenstation heute das Rooming-in, bei dem die Säuglinge im gleichen Zimmer wie ihre Mütter aufgenommen werden. Durch die Freiburger Säuglingsstudie (2003) ist bekannt, dass Säuglinge, die 24 Stunden am Tag, also ohne Unterbrechung, bei ihrer Mutter im Zimmer lagen, im ersten Vierteljahr nur halb so viel schrien wie Säuglinge, die nachts von ihren Müttern getrennt waren. Auf Intensivstationen ist das Rooming-in noch immer eine absolute Ausnahme, obwohl es seit Jahren wissenschaftliche Belege für die herausragende Bedeutung des Mutter-Kind-Kontaktes gibt.

In manchen Krankenhäusern wird inzwischen auch das *Bedding-in* angeboten. Beim Bedding-in dürfen die Neugeborenen direkt im Bett der Mutter schlafen oder wenigstens in so genannten „Balkonbettchen“ oder „Beistellbettchen“, die an das Bett der Mutter angeschoben werden.[30] Die Ergebnisse der Untersuchungen im Rahmen des „Münchner Postpartum-Projekts“ zeigten eindeutig positive Effekte des Bedding-in auf. So gibt es einen deutlichen Effekt auf die Baby-Blues-Rate,[31] wenn das Bedding-in praktiziert wird. Durften die Kinder im Bett der Mutter schlafen, war die Wahrscheinlichkeit, dass die Mütter einen Baby-Blues ausbilden, deutlich niedriger. Das Rooming-in allein zeigte keinen Einfluss auf die Rate. Dass das Bedding-in nicht nur für die Mutter einen bedeutenden Vorteil bietet, wurde bereits deutlich im Kapitel „Wird die Bindungsentwicklung hormonell gesteuert?“ über die Rolle des Hormons Oxytocin, wonach vor allem der Säugling einen bedeutenden Vorteil durch den intensiven Körperkontakt zur Mutter hat. Ethnomediziner Wulf Schiefenhövel verwundert nicht, dass aus evolutionsbiologischer Sicht das Bedding-in die „ideale

---

[30] Bedding-in wird auch als „Co-Sleeping“ oder „Bed-Sharing“ bezeichnet.

[31] Zum Thema Baby-Blues und postpartale psychische Störungen siehe im Kapitel „Welche Auswirkungen haben Postpartale Depressionen?“

Form der nächtlichen Betreuung für den Säugling **und** die Mutter“ (Schiefenhövel 2008, S. 108) sei. Baby-Blues und postpartale Depressionen treten deutlich weniger auf, wenn Bedding-in praktiziert wird, zudem reduziert sich die Rate des plötzlichen Kindstodes.

Warum schreien Babys?

Der Zoologe, Körperpsychotherapeut und Baby- und Familientherapeut Franz Renggli geht der Frage, warum Babys schreien, nach. Er sieht das Schreien der Babys zunächst biologisch und anthropologisch begründet. Bei unseren nächsten Verwandten, den Affen, ist das Schreien der Babys ein Alarmsignal, das die Betreuenden zu sofortigem Handeln auffordert, da das Junge in einer Notlage sein könnte und sonst nicht überlebensfähig ist. Ein Affenjunges wird den ganzen Tag von seiner Mutter herum getragen. Dieser ununterbrochene Körperkontakt ging in den Hochkulturen verloren. „Je höher die Kultur, desto radikaler die Trennung – desto mehr wird ein Baby ‚zum Schreien erzogen'“ (Renggli 2004, S. 160).

Die Freiburger Säuglingsstudie zeigt, dass besonders unruhige Säuglinge seltener gestillt werden. Auch die Antwortbereitschaft der Mutter ist ausschlaggebend für das Schreiverhalten. Je prompter die Mutter auf die Signale des Kindes reagiert, desto weniger schreien die Kinder. Auch ein reichhaltiges Repertoire an Interaktionsmöglichkeiten mit dem Kind trug zu weniger Schreiverhalten bei.

Bei etwa 20% – 30% aller Neugeborenen tritt das so genannte exzessive Schreien auf. Dieses Schreien zeigt sich in einem deutlich vermehrten Ausmaß im Vergleich zur Normalpopulation. Sowohl die Ursachen als auch die langfristigen Konsequenzen dieses Phänomens sind noch nicht ausreichend beforscht. Häufig wird die Ursache des Schreiens in Verdauungsproblemen gesucht. Mediziner und Eltern geben oft die so genannte „Dreimonatskolik“ als Grund für das Schreien an. Jedoch in nur maximal 5% der Fälle lassen sich die Ursachen des Schreiens auf Verdauungsprobleme zurückführen. Umgekehrt ist es aber möglich, dass durch das untröstliche Weinen

Verdauungsprobleme entstehen können. So beschreibt es auch Karlton Terry, ein international erfolgreicher Babytherapeut: „Hinter einem Schreianfall verbirgt sich nichts anderes als der Ausdruck der Schmerzen des Babys, die es in der Schwangerschaft und während der Geburt erfahren hat. Nur in sehr wenigen Fällen ist die Ursache eines Schreianfalls tatsächlich im Verdauungstrakt zu finden“ (Terry 2014, S. 16).

Die wenigsten Eltern, aber auch Fachleute, sind sich darüber im Klaren, dass Babys deshalb weinen, weil sie schmerzvolle Erfahrungen gemacht haben, Erfahrungen aus Schwangerschaft und Geburt. Eine Geburt zählt zu den gefahrvollsten Ereignissen, denen Menschen je ausgesetzt sind. Und das betrifft nicht nur die gebärenden Frauen , sondern ganz besonders auch die Babys, die geboren werden.

Terry unterscheidet in seinem Buch „Vom Schreien zum Schmusen, vom Weinen zur Wonne“ das Bedürfnisschreien vom Erinnerungsschreien. Bei ersterem handelt es sich um ein Schreien, das der Bezugsperson ein Bedürfnis wie Hunger, Müdigkeit, Langeweile oder Ähnliches anzeigen soll. Beim Erinnerungsschrein schreien die Babys wie zufällig, als ob es keinen Grund dafür gebe. Dieses Erinnerungsschreien ist eine Folge von ungelösten körperlichen und emotionalen Schmerzen. Beim Erinnerungsschreien versucht das Baby, seine traumatische Erinnerung zu „erzählen“, um die traumatischen Körpererinnerungen zu integrieren und die Spannung so zu lösen. Solange diese Körpererinnerungen nicht gelöst werden, können sie jederzeit wieder wach gerufen werden. Terry beschreibt in seinem Buch ausführlich, wie Eltern oder auch Fachleute mit diesem Erinnerungsschreien verantwortungsvoll umgehen können. Wichtig ist, dass man den Babys beim Erinnerungsschreien zuhört und ihnen ihre Gefühle, zum Beispiel Wut, Trauer, Angst, Ärger, widerspiegelt. Terry spricht von dem „Wunder der genauen Einfühlung“. Viele Eltern versuchen aus Sorge um ihr Kind, das Schreien mit den unterschiedlichsten Beruhigungsmethoden, mit dem Schnuller oder Stillen, so schnell wie möglich zu beenden. Hierdurch wird allerdings das Problem nicht behoben. Deshalb ist es notwendig, den Eltern das Wissen um das Erinnerungsschreien zu vermitteln und sie zu ermutigen, dem Baby und seinem Schreien Raum zu geben, damit es sich in seinem Kummer bei seinen Eltern sicher und geborgen fühlen kann.

Wie kann das Schreien der Babys alte Gefühle bei den Eltern wecken?

Weinen und Schreien lösen bei Eltern sehr heftige Emotionen aus. Insbesondere bei traumatischen Erfahrungen während der eigenen Geburt und frühkindlichen Phase kann das Weinen des Kindes ein Trigger sein. Unter einem Trigger versteht man bestimmte Sinneseindrücke, die Erinnerungen an alte Erfahrungen wecken, so als ob diese Erfahrung noch einmal aufs Neue gemacht würden. Die damaligen Gefühle, die in der Situation erlebt wurden, werden in dieser Erinnerung unmittelbar wiedererlebt. Diese Gefühle aus der Vergangenheit erschweren die Wahrnehmung der aktuellen Situation in ihrer Realität. Das Wiedererleben, beziehungsweise diese Nachhallerinnerung, ist ein psychologisches Phänomen und wird auch „Flashback" genannt.

Da viele der heutigen Eltern in der Zeit Babys waren, in der es noch hieß: „Schreien kräftigt die Lungen" und den Eltern damals geraten wurde, das Kind schreien zu lassen, damit man es nicht verwöhne, ist es nicht selten, dass heute das Schreien der Babys Eltern an das eigene Schreien und das Gefühl des Alleingelassen-Werdens erinnert. Die Eltern müssen dann ihr altes Trauma in Form eines Flashbacks wieder erleben. Dieses Wiedererleben ist nicht nur extrem unangenehm, es behindert und unterbindet auch die angemessene Kommunikation zwischen Eltern und Kind. Es ist daher verständlich, dass Zuhause meist versucht wird, das Baby in irgendeiner Weise zu beruhigen, sei es mit Stillen, mit einem Schnuller oder aber mit Herumtragen. Sind die Beruhigungsversuche erfolglos, so glauben viele Eltern zu versagen. Auf die Versagensüberzeugung folgen dann Schuldgefühle. Die Schuldgefühle übertragen sich wiederum direkt auf das Baby. Hier haben wir es mit einem Teufelskreislauf zu tun, der die Bindungsprozesse zwischen Eltern und Kind erheblich erschwert.

Um die elterliche Erregung über das Weinen in den Griff zu bekommen, wird von Seiten der Berater oder Therapeuten viel Unterstützung und Halt angeboten. Wie schon weiter oben beschrieben, soll das Weinen der Babys hier nicht einfach unterbrochen, sondern durch elterliche Fürsorge begleitet werden. Dies muss gelingen, ohne dass die Eltern in ihr eigenes potenziell vorhandenes Trauma fallen. So wird erlernt, nicht an Symptomen zu arbeiten, sondern den Babys das Gefühl von Geborgenheit zu vermitteln und gleichzeitig dem eigenen Trauma in einer sicheren Atmosphäre zu begegnen. „Einfach da sein. Beim Baby sein und es durch seine ‚Krise' begleiten" (Renggli 2004, S. 164). Dadurch wird dem elterlichen Trauma begegnet unter Zuhilfenahme des Babys als Co-Therapeuten. Gleichzeitig wird das Gespür für Feinfühligkeit, das intensive Band zwischen Eltern und Kind, gestärkt. Aletha Solter, schweizerisch-amerikanische Entwicklungspsychologin, sieht im Begleiten statt Beenden der kindlichen Krise ebenfalls eine große Chance für Eltern und Kind. Tränen, die auf der Haut der Eltern geweint werden, bezeichnet Solter als unmittelbare Heilung. In der Babytherapie wird die angeborene Fähigkeit von Kindern genutzt, denn Babys können unter optimalen Bedingungen viele Auswirkungen von Stress und Trauma überwinden. Mit dieser Heilung, so betont Renggli, ist nicht nur die Verarbeitung des kindlichen Geburtsschmerzes und -traumas gemeint. „In der Babytherapie geht es somit nicht nur darum, diesem kleinen menschlichen Wesen zu helfen, sondern die Eltern geraten unter Umständen selber in höchste Not oder gar an den Rand der Erschöpfung – sie brauchen genauso dringend unsere Unterstützung" (Renggli 2004, 165).

Selma Fraiberg, US-amerikanische Kinder-Psychoanalytikerin, erkannte auf der Grundlage ihrer klinischen Erfahrung die Bedeutung von traumatischen Ereignissen in der frühen Kindheit für den Umgang mit dem eigenen Kind. Sie zeigen sich oft in elterlichen unbewussten Phantasien über das Baby. Ausgelöst von Verhaltensweisen des Babys, werden dem Kind Absichten unterstellt, etwa das Schreien, um die Eltern zu ärgern. So führen die alten, nicht bewussten Traumatisierungen zu Übertragungen auf das Baby. Eigenschaften und absichtliche Verhaltensweisen werden aus den Fragmenten der alten Traumatisierung unbewusst zu Ursachenzuschreibungen für

Fehlverhalten in der Eltern-Kind-Interaktion erstellt. Der Aufbau der Eltern-Kind-Bindung wird dadurch massiv beeinträchtigt und kann so in verschiedenen Symptomen des Babys einen Ausdruck finden. Fraiberg benannte diese unheilvollen Phantasien „Geister im Kinderzimmer“[32]. Mit diesen „Geistern“ sind Besucher aus der unbewussten Vergangenheit der Eltern gemeint. Fraiberg geht davon aus, dass es in jedem Kinderzimmer derartige Geister gibt, welche durch unbewusste Phantasien Wirkmechanismen hervorrufen, welche schädliche Wirkungen entfalten können. Werden diese Phantasien erkannt und gedeutet, kann dies eine unmittelbare Verbesserung der Beziehung zum Kind zur Folge haben.

Welche Unterschiede gibt es in der kulturellen Betreuung?

Die Betreuungspraktiken und familiären Lebensgewohnheiten der städtischen Industriegesellschaften weichen deutlich von denen traditioneller Gesellschaften ab. Jäger-und-Sammler-Kulturen oder Steinzeitkulturen wie beispielsweise die !Kung-Buschleute, die Aka, die Efé oder die Mbuti kommen unserer eigenen evolutiven Vergangenheit am nächsten.

In der kulturvergleichenden Anthropologie, der Wissenschaft vom Menschen, seinem Wesen und seiner Entwicklung, wird der menschliche Säugling als ein „Tragling“ eingeordnet. Das bedeutet, er ist darauf angewiesen, zu seinen Bezugspersonen ständigen sicherheitsgebenden Körperkontakt zu halten, überall hin mitgenommen zu werden und so reichhaltige Stimulation zu erfahren. Allerdings können menschliche Babys sich nicht wie andere Primaten an ihrer Mutter festhalten. Aus diesem Grund müssen sie versuchen, sich durch die „Intensivierung der Beziehung zu ihren Müttern in diesen gewissermaßen seelisch zu verankern“ (Janus 2011b, S. 312). Hier spielt die Bindungstheorie eine entscheidende Rolle, die besagt, dass das Bindungsverhalten evolutionär angelegt ist. Die kulturvergleichende Forschung benennt die größten Unterschiede der westlichen Betreuungspraktiken und jener der Jäger-

32 im Original: „ghosts in the nursery“

und-Sammler-Kulturen. Demnach halten letztere konstanten Körperkontakt, zeigen konstantes Tragen, füttern ihre Kinder kontinuierlich und zeigen eine höhere Antwortbereitschaft gegenüber ihren Kindern. In der Forschung wurden nicht nur unterschiedliche Betreuungspraktiken der Kulturen festgestellt, sondern auch, dass Säuglinge in westlichen Kulturen deutlich mehr schreien, in archaischen Kulturen aber so gut wie nicht. Die Forscher gehen davon aus, dass die fehlende Angepasstheit unserer kaum veränderten biologischen Ausstattung an die heutige neokulturelle Umwelt zu Verhaltensauffälligkeiten führen kann. Besonders die Neugeborenenzeit ist eine Lebensphase, die noch am stärksten von biologischen Programmen und Bedürfnissen gesteuert wird.

Inspiriert von den Forschungsergebnissen der kulturvergleichenden Anthropologie untersuchte die Freiburger Säuglingsstudie, ob bestimmte Betreuungspraktiken einen Teil der Unterschiede im Schreiverhalten innerhalb der westlichen Kultur erklären. Nach den Ergebnissen hat unter anderem besonders die Art der Entbindung Einfluss auf das Schreiverhalten der Säuglinge. Kinder, die per Kaiserschnitt geboren wurden, waren in den folgenden Tagen unruhiger als spontan geborene Kinder. Allgemein kann man nach einer komplizierten Geburt mit Einsatz technischer Hilfsmittel mit hoher Wahrscheinlichkeit vermehrtes Säuglingsschreien vorhersagen.

Wie mittlerweile durch die Bindungstheorie bekannt ist, kann eine gesunde Entwicklung nicht gelingen, wenn das Baby häufig abgelegt wird und dadurch nicht die entsprechende Nähe zur Bezugsperson hat. Das belegt auch eine weitere Studie: 25 zufällig ausgewählte Mütter erhielten nach der Geburt ihres Kindes ein Tragetuch, weitere 25 Mütter als Kontrollgruppe einen Plastiksitz. Hier zeigte sich, dass die Babys, die die ersten frühen Monate an der Brust ihrer Mutter getragen wurden, im Alter von drei Monaten vermehrt Mutter-Kind-Interaktionen zeigten und im Alter von 13 Monaten zu 83% sicher gebunden waren im Vergleich zu 38% in der Kontrollgruppe.

Beeinflusst die mütterliche Trennungsangst das Schlafverhalten des Kindes?

Die Entwicklung der frühen Mutter-Kind-Bindung und das kindliche Schlafverhalten beeinflussen sich wechselseitig. Der Schlaf des kleinen Kindes wird von seiner Selbstregulationsfähigkeit beeinflusst und davon, ob eine sichere Bindung zur Hauptbezugsperson aufgebaut werden kann. Die elterlichen Ansichten, Erwartungen, Emotionen und Verhaltensweisen stehen hierzu in einem engen Zusammenhang. Der allgemeine gegenwärtige Wissensstand zur Psychosomatik besagt, dass elterliche Verunsicherungen und Besorgnis aus den intuitiven elterlichen Kompetenzen ängstlich-angespannte Eltern-Kind-Interaktionen werden lassen, wodurch geringe kindliche Auffälligkeiten verstärkt werden. Durch Überstimulierung neigt ein Säugling zu Schrei- und Schlafstörungen. Insbesondere die Trennungsangst der Mutter spielt eine Rolle bei der Regulierung früher Schlaf- und Wachzustände, wie nachfolgend noch näher erläutert wird.

Eine israelische Studie belegt den Zusammenhang zwischen Bindungs(un)sicherheit und der Tatsache, ob die Kinder die Nacht mit ihren Eltern verbringen. Das gilt auch für die Kinder, die tagsüber in verschiedenen Betreuungssystemen untergebracht sind. In dieser Studie gab es bedeutend mehr unsicher gebundene Säuglinge, wenn diese in der Nacht in betreuten Gemeindeschlafsälen und nicht zu Hause bei den Eltern untergebracht waren. Dies war auch der Fall, wenn die Mütter tagsüber mit ihren Kindern einen aufgeschlossenen und zugänglichen Umgang hatten. Ein Erklärungsansatz hierfür ist, dass Kinder gerade im Dunkel der Nacht häufig mit Ängsten konfrontiert sind und ihre Bindungsperson brauchen, um ihr Nähe-Bedürfnis zu stillen und sich sicher und geborgen zu fühlen. Das unbeständige Antwortverhalten der Mütter am Tag und in der Nacht wird hier als möglicher Grund dafür genannt, weshalb die Kinder eher eine unsichere Bindung entwickeln. „Ein Kind in einem eigenen Zimmer, ganz allein in seinem eigenen Bett schlafen zu lassen, würde beispielsweise in Indonesien eher als eine Form der Kindesvernachlässigung angesehen“ (Brisch 2011, S. 54).

Bisher gibt es nur wenige Studien, die das Schlafmuster der Säuglinge zur kindlichen oder mütterlichen Bindungsqualität in Beziehung setzen. Nach den Ergebnissen der bisherigen Studien zu urteilen, scheint es einen Zusammenhang sowohl zwischen der Bindungsqualität des Kindes als auch der Bindungsqualität der Mutter und dem kindlichen Schlafverhalten zu geben. Auch anders herum hat die schlafbezogene Interaktion zwischen Mutter und Kind Einfluss auf die Entstehung der Bindungsqualität. In unterschiedlichen Studien lassen sich Zusammenhänge zwischen Schlafstörungen und einer unsicher-ambivalenten Bindungsqualität der Kinder erkennen. Langzeitstudien deuten sogar darauf hin, dass sich diese Störungen bei unsicher-ambivalent gebundenen Kindern langfristig eher verstärken. In einer Studie mit schlafgestörten Kleinkindern zeigte sich ein deutlich erhöhtes Maß an unsicher gebundenen Müttern. Dieser Befund könnte darauf hin deuten, dass eine mütterliche unsichere Bindung in einem Zusammenhang mit kindlichen Schlafstörungen steht.

Das Zubettbringen bedeutet immer auch eine Trennungssituation für das Kind. Es trennt sich dann von seinen Eltern und von den Ereignissen des Tages. Das Kind deutet dann die Abwesenheit der Mutter als ihren Verlust. Das Konzept der Bindungs-Erkundungs-Balance aus der Bindungstheorie kann auch hier als Erklärungsmodell dienen: Nur wenn das Kind sich emotional sicher und geborgen fühlt, kann es sich in den Zustand des Schlafs „fallen lassen“. Es ist also möglich, dass aufgrund der Erfahrungen des nächtlichen Getrenntseins der Augenblick des Zubettbringens und auch der Augenblick des nächtlichen Aufwachens Angst erzeugt und das Bindungssystem aktiviert, folglich schreit das Kind. Auf der elterlichen Seite wird durch das Schreien das biologisch angelegte Fürsorgeverhalten aktiviert. Die Eltern wollen dem Kind Schutz gewähren. Nachts, wenn das Kind schläft, haben Eltern getrennt von ihrem Kind nicht die Möglichkeit, ihr Betreuungs- und Schutzverhalten durchgehend aktiv aufrecht zu erhalten. Durch reale oder eingebildete Gefahrensituationen kann auf elterlicher Seite Angst entstehen.

In einer Langzeituntersuchung wurde deutlich, dass ein durchgehender Zusammenhang zwischen hochgradiger mütterlicher Trennungsangst und vermehrten Schlafproblemen des Kindes am Ende des ersten Lebensjahres besteht. Die Trennungsangst war sogar ein vorhersagender Faktor zum Schlafverhalten des Kindes. So konnte bei den Kindern, deren Mütter eine stärkere Trennungsangst hatten, Schlafstörungen im Alter von einem Jahr vorausgesagt werden. Auch berichteten nach dieser Studie diejenigen Mütter, die physisch in die Schlafregulierung eingebunden waren, also beispielsweise ihre Kinder während des Einschlafens streichelten oder schaukelten, von deutlich höheren Angstgefühlen. Diese Ergebnisse legen nahe, dass die Gefühle der Mütter eben nicht nur ihr eigenes Verhalten prägen, sondern sich auch auf die objektiv gemessene Schlafqualität ihrer Kinder auswirken dürften.

Das Schlafverhalten spielt eine große Rolle für junge Eltern. Für die meisten Eltern ist der Babyschlaf ein sehr dringliches Thema und sie verlangen nach entsprechender Beratung. Einige Ratgeberbücher wie beispielsweise der Bestseller „Jedes Kind kann schlafen lernen“ von Annette Kast-Zahn und Hartmut Morgenroth (2007) sind rein verhaltensorientiert und nicht beziehungsorientiert. Hier wird den Eltern geraten, auf unerwünschte Verhaltensweisen nicht einzugehen und die Schlafprobleme damit durch eine so genannte Löschung zu lösen. Gehen die Eltern, wie in diesem Beispielbuch vorgeschlagen, strikt nach Plan vor, so können sie nicht auf die Beziehungs- und emotionalen Bedürfnisse des Kindes eingehen, die kindlichen Signale werden nicht feinfühlig beantwortet. Das Kind lernt, dass sein Unbehagen von den Eltern nicht wahrgenommen wird und läuft Gefahr, eine unsichere Bindung mit seinen Eltern einzugehen. „Nur auf der Basis einer sicheren Eltern-Kind-Bindung ist das Sich-Fallenlassen in einen erholsamen Schlaf für die Bindungsperson und ihr Kind möglich“ (Brisch 2011, S. 54).

Welche Auswirkungen haben Postpartale Depressionen?

Aus einigen Langzeitstudien ist bekannt, dass die mütterliche Stimmung Auswirkungen auf die Mutter-Kind-Interaktion hat. Symptome wie Reizbarkeit, Rückzug, Schuldgefühle und Angstzustände wirken sich negativ auf die Entstehung der Mutter-Kind-Bindung aus. Viele Frauen leiden nach der Geburt an Stimmungsschwankungen bis hin zu Postpartaler Depression. „Postpartal" bezeichnet den Zeitraum nach der Geburt aus der Sicht der Mutter, während „postnatal" der Zeitpunkt nach der Geburt aus der Sicht des Kindes ist. Natürlich können auch Väter an postpartaler Depression erkranken, was bisher jedoch noch weniger als die mütterliche Depression erforscht wurde.

Begriffsbestimmung und Klassifikation

Postpartale psychische Störungen werden in drei Kategorien unterteilt: Postpartaler Blues, postpartale Depression und postpartale Psychose. In der ersten Woche nach der Geburt kann es, auch aufgrund der starken Hormonschwankungen, zu postpartalem Blues, auch Heultage oder Baby-Blues genannt, kommen. Statistisch leiden immerhin bis zu 80% der Wöchnerinnen darunter. Dies zeigt sich in einer depressiven Verstimmung und einer Stimmungslabilität und kann einige Tage anhalten. Häufige Symptome sind Weinen, Angst, Verwirrung und körperliche Beschwerden. In der Regel klingen diese Symptome von allein ab. Bei 20% aller Mütter entwickelt sich jedoch eine postpartale Depression, die in den ersten Monaten nach der Geburt auftritt. Leichtere Formen dieser Depression sind charakterisiert durch Stimmungsschwankungen, Reizbarkeit, exzessive Müdigkeit, Schlaf- und Appetitstörungen, Ängste, Weinen und körperliche Beschwerden. Bei schwereren Formen kann es auch zu Selbstzweifeln, Schuldgefühlen, Selbstverletzungen, suizidalen Gedanken oder Suizidhandlungen kommen. Die Inhalte des depressiven Grübelns beziehen sich auf das Kind und die Mutterschaft, manche Mütter leiden unter Gefühllosigkeit dem Neugeborenen gegenüber oder Zwangsgedanken, etwa das Kind zu schädigen. An einer postpartalen Psychose erkranken in den ersten Monaten nach der Geburt 0,2%

der Frauen. Die postpartale Psychose zeigt sich unter anderem durch manische oder schwer depressive Zustände, Halluzinationen, Wahnideen und bizarres oder aggressives Verhalten.

Entstehung postpartaler Depression

Zur Entstehung von postpartalen psychischen Störungen spielen biologische, psychische und soziale Faktoren eine Rolle. Mütter mit postpartaler Depression haben oft nicht genügend soziale Unterstützung, auch die Qualität der Partnerbeziehung spielt eine Rolle. Das hohe Maß an Mobilität der heutigen Generation erschwert eine familiäre Unterstützung. Auch hormonelle Faktoren spielen bei der Entstehung von postpartaler Depression eine Rolle. Der Östrogenspiegel steigt in der Schwangerschaft um das 200-Fache an und sinkt innerhalb weniger Tage nach der Geburt auf den Normalwert. Östrogene verändern verschiedenste Hirnfunktionen. Das bedeutet, der Östrogenabfall könnte möglicherweise mit ein Auslöser für eine Depression sein.

Bei einem Drittel der Frauen mit postpartaler Depression wurde als ausschlaggebender Faktor Belastungen um die Geburt genannt, also ein subjektiv schlechtes Geburtserlebnis oder Probleme mit oder Trennung vom Kind unmittelbar nach der Geburt. Im Extremfall kommt es zu posttraumatischen Belastungsstörungen in direkter Verbindung mit der Geburt. Bei diesen Müttern kommt es nach massiven Schmerzerfahrungen zu Nachhallerfahrungen, den so genannten „Flashbacks", Angstträumen; sie meiden Aktivitäten und Kontakte, die an die Schmerzsituation erinnern, sind gefühlsmäßig dumpf, was auch die Interaktion mit dem Baby beeinträchtigt. Ursächlich für postpartale psychische Störungen sind also hormonelle und psychologische Faktoren, einflussgebend sind dazu die Persönlichkeitsmerkmale und auch der subjektive Geburtsverlauf für die Frau. Postpartale Depression ist in unserer Gesellschaft ein Tabu-Thema. Dies ist sicher mit ein Grund, warum nur bei jeder achten betroffenen Frau die postpartale Depression als solche erkannt und behandelt wird.

Folgen postpartaler Depression

Die postpartale Depression ist eine Erkrankung mit veränderter Grundstimmung. Das drückt sich in Mimik, Sprache und emotionaler Resonanzfähigkeit aus. Dadurch verändert sich die Interaktion und somit auch das sich daran orientierende Kind. Bei depressiven Müttern zeigen Kinder häufig eine Blickvermeidung. Sie drehen sich von der Mutter weg, auch wenn diese versucht Kontakt aufzunehmen. Wahrscheinlich versucht das Kind, sich so vor der Leere oder der fehlenden emotionalen Übereinstimmung der mütterlichen Mimik zu schützen. Die Mütter interpretieren dieses Verhalten oft so, dass ihr Kind sie nicht mag. Die Störungen der Eltern und Kinder beeinflussen sich wechselseitig. Eltern, die unsicher gebunden oder latent traumatisiert sind, können oft nicht auf den emotionalen Rückzug ihres Kindes adäquat reagieren. Sie fühlen sich durch das Schreien des Kindes persönlich angegriffen, sie haben Angst als Mutter zu versagen. Da diese Eltern selbst Schwierigkeiten mit ihrer Stressregulation haben, können sie auf das stressvolle Schreien des Babys nicht mit elterlich-fürsorglichen Interaktionen reagieren.

Dazu kommen Schrei- und Schlafstörungen. Diese Situation führt auf der Paarebene wiederum oft zu Konflikten, die Eltern leiden an Schlafstörungen und neigen zu Aggressivität. Häufig kommen Fütterstörungen, manchmal damit verbunden *Gedeihstörungen*, hinzu. Die Mütter beginnen in ihrer Verzweiflung mit Zwangsfütterung und es kommt zu Machtkämpfen. Übererregbarkeit und Hyperaktivität können neben einer mütterlichen Depression oder als Folge dieser auftreten.

Die Auswirkungen mütterlicher Depression auf die Kinder reichen von unsicherer Bindung an die Eltern, einem geringeren Gewicht und Gesundheitsproblemen innerhalb des ersten Lebensjahres über verminderte kognitive Leistungen bis zu einer verzögerten sprachlichen Entwicklung. Ebenso werden Schwierigkeiten in der Regulierung des emotionalen Ausdrucks und Aggressionen im Kleinkindalter beobachtet. Zusätzlich stellt man im weiteren Verlauf einen erhöhten Anteil an sozialen und Lernschwierigkeiten bei Schulkindern fest, bis hin zu überproportional häufigen

Gefühls-Störungen im Jugendalter. Aus der Cambridge-Längsschnittstudie ist bekannt, dass eine mütterliche Depression die Wahrscheinlichkeit einer kindlichen unsicheren Bindung um das Vierfache erhöht. Die Ergebnisse der Mannheimer Risikokinderstudie stimmen mit der Literatur darüber überein, dass die Kinder, deren Mütter postpartal depressiv waren, ein geringeres kognitives Leistungsniveau erzielen und vor allem im sozial-emotionalen Bereich Defizite in der Entwicklung zeigen. Zusätzlich zeigten die Kinder postpartal depressiver Mütter in dieser Studie zu allen Erhebungszeitpunkten deutlich höhere Raten psychischer Auffälligkeiten, denn im Alter von acht Jahren waren die Werte um mehr als das Dreifache erhöht im Vergleich zur Kontrollgruppe.

Ist die Mutter an einer postpartalen Depression erkrankt, steht sie als Bezugsperson für das Baby nicht als empathisch-stimulierender Partner zur Verfügung. Die Mutter ist nicht oder kaum in der Lage, die körperlich-pflegerischen und emotionalen Bedürfnisse des Babys zu befriedigen. Dies kann zur Traumatisierung der Kinder führen. Bei dem so genannten „still-face-test" beobachteten Forscher, dass gesunde Babys stark protestieren und in Alarmbereitschaft versetzt sind, wenn ihre Mutter keine Miene verzieht, so wie es depressive Mütter oft tun. Bei Babys depressiver Mütter gibt es dafür keine Anzeichen, die Babys zeigen derartige Aktivitäten nicht. Sie kennen diese Situation, wissen, dass Alarm schlagen nichts nützt und haben resigniert. Diese Kinder sind in spontanen Interaktionen weniger lebhaft, vokalisieren weniger und zeigen weniger positive, mehr negative Gesichtsausdrücke. Das bedeutet, dass Babys in den ersten drei Monaten äußerst sensibel auf die Stimmungen ihrer Mutter reagieren. Babys depressiver Mütter spiegeln deren Verhalten und entwickeln einen passiv-depressiven Interaktionsstil. Selbst wenn die Mutter sich bereits von ihrer Depression erholt hat, sind noch längere Zeit danach Beeinträchtigungen der Mutter-Kind-Interaktion nachweisbar.

Gelingt es nicht, die Depression zu überwinden, ist es mit zunehmender Dauer der Erkrankung kaum noch möglich, die Auswirkungen auszugleichen, da sich die

Ursachen und wirksamen Faktoren im System der Familie vervielfältigen. Oftmals sind oder werden auch die Väter depressiv, ihr Depressionsniveau hängt dabei zusammen mit demjenigen der Frau. Die Qualität der Partnerbeziehung vor der Geburt und die Unterstützung des Partners gelten als die wichtigsten Hilfen zur psychischen Ausgeglichenheit.

Präventive Ansatzpunkte

Das Wochenbett wird in unserer Gesellschaft primär medizinisch betrachtet. Die Mutter hat eine Wunde in der Gebärmutter, der Wochenfluss muss kontrolliert werden, eventuell sind Scheiden- und Damm-Risse oder andere Verletzungen zu versorgen und häufig kommt es zu Kreislaufproblemen und Erschöpfungszuständen. Auch eventuelle Stillprobleme werden gerne medizinisch betrachtet. Der Mensch wird in der Geburtshilfe und im Wochenbett als „Mängelwesen" definiert. Auf die von der Evolution geprüfte Eignung der Mutter-Kind-Dyade wird nicht mehr vertraut. Die Evolutionspsychologie sollte an dieser Stelle nicht vernachlässigt werden. Viele Wochenbett- und Übergangsrituale, die auch heute noch in den Jäger-und-Sammler-Kulturen zu finden sind, sind in der westlichen Kultur verloren gegangen. In der westlichen Kultur ist die soziale Einbettung, vor allem in der Zeit nach der Geburt, mangelhaft. Dass die Mutter – insbesondere bei ihrer ersten Geburt – auch psychisch vieles zu verarbeiten hat, wird oft vernachlässigt. Mutter und Neugeborenes müssen einander kennen lernen und einen gemeinsamen Rhythmus finden.

Die Angehörigen der professionellen Berufsgruppen rund um die Geburtshilfe wissen leider noch wenig über das individuelle Erleben der Wöchnerinnen. Diese Erkenntnisse bringen Studien zu stationären Betreuungsformen in der postpartalen Phase. Da sowohl die Geburts- und Wochenbettbedingungen als auch die modernen Betreuungspraktiken in der westlichen Kultur zum Teil deutlich vom ursprünglichen evolutionsbiologischen Modell entfernt sind, leisten sie einen deutlichen Beitrag dazu, das Schreien des Säuglings in seiner Dauer zu steigern.

In unserer distanzierten von Verwöhnängsten geprägten Kultur sollten wir die Geburtsbedingungen und vor allem auch die Bedingungen nach der Geburt noch stärker so gestalten, dass sie optimale Startvoraussetzungen für das junge Eltern-Kind-Team und damit für die kindliche Entwicklung bieten. Manche Länder wie zum Beispiel Dänemark, aber auch mancherorts in den USA haben sich diesbezüglich schon auf den Weg gemacht: Diese Gegenströmung ist unter dem Begriff „Attachment Parenting" bekannt. Dabei kann man durchaus von einer Wiederentdeckung sprechen. Es handelt sich um ausgewählte, sinnvolle, von der Evolution erprobte Verhaltensantworten auf kindliches Verhalten bzw. allgemein postnatale Lebenssituationen.

Das in den letzten Jahrzehnten gewachsene Wissen zur Bindung und Entwicklung sollte weiter getragen werden. So können wir schon Jugendlichen helfen, als Erwachsene verantwortlich zu sein. Die pränatale Entwicklung und Mutter-Kind-Beziehung spielt hierbei eine wesentliche Rolle. In anderen Ländern existieren bereits Schulprogramme, in denen in der Oberstufe prä- und perinatale Erziehung unterrichtet wird, wie beispielsweise in Italien.[33] Diese Länder sollten wir uns zum Vorbild nehmen und auch hier in Deutschland entsprechende Schulprogramme entwickeln und umsetzen.

In pädagogisch geleiteten Eltern-Kind-Gruppen ist es möglich, auf eventuelle Folgen verschiedener Geburtsbelastungen einzugehen. Eine einfache Aufklärung ist in einigen Fällen schon ausreichend, beispielsweise über „die besondere Kontakt- und Nähebedürftigkeit und auch -empfindlichkeit eines frühgeborenen Kindes oder die Notwendigkeit, ein Schreien des Kindes zuzulassen, mit dem es die Not seiner Belastungserfahrung mitteilt" (Janus 2006a, S. 155).

Familien mit kleinen Kindern sind vermehrt besonderen Belastungen ausgesetzt. Informelle Orte, an denen junge Eltern ihre Alltagssorgen im solidarischen Rahmen teilen können, werden immer seltener. Dies ist unter Anderem auf die Veränderungen

---

[33] siehe International School for Prenatal and Perinatal Education ISPPE auf http://www.anep.it

der Familienformen, insbesondere in der urbanen Gesellschaft, zurückzuführen. Die mehrgenerationalen Familiennetze fallen mehr und mehr weg und damit die in diesem Rahmen geleisteten Unterstützungen. In der in Industrienationen vorherrschenden Struktur der Kleinfamilien haben viele Frauen nie ein Baby länger als fünf Minuten im Arm gehalten, bevor sie selbst Mutter werden. Sie sind in keiner Weise auf das vorbereitet, was sie nach der Geburt erwartet. Ihnen fehlt daher oft jede Erfahrung, sie wissen meist gar nicht, was sie zum Beispiel mit einem schreienden Baby anfangen sollen.

Mit dem Wegfall von Ressourcen geht eine Zunahme an Anforderungen einher. Diese sich mehr und mehr etablierenden überhöhten Anforderungen, sich in jeder Lebenslage möglichst autonom behaupten zu können, hat sich zunächst in der Arbeits- und Geschäftswelt durchgesetzt. Mittlerweile sind diese Anforderungen auch im häuslichen Bereich wirksam. Es ist also nicht nur so, dass die unterstützenden sozialen Ressourcen weniger werden, die Bereitschaft, diese anzunehmen wird durch das auf Autonomie geprägte Ideal immer geringer. Diese veränderte Kultur muss eine soziale Struktur bereitstellen, welche in Krisen in der Zeit um die Geburt neue Formen der Begleitung bereitstellt, die an die Stelle der früheren Formen der Unterstützung treten. Die auffallend häufigen postpartalen Krisen müssen in unserer Gesellschaft von professionellen Institutionen aufgefangen werden. Der Schlüssel hierzu liegt einerseits in der Wertschätzung, welche die Gesellschaft den sozialen Leistungen junger Eltern bei der Betreuung kleiner Kinder entgegenbringen sollte, andererseits sind bessere Rahmenbedingungen zur Unterstützung der Eltern vonnöten.

Obwohl psychische Störungen während der Schwangerschaft und nach der Geburt nicht selten sind, wird das Thema tabuisiert und vernachlässigt. Nur jede 8. Postpartale Depression wird als solche erkannt. Dem kann zum Einen durch eine spezielle Schulung der Ärzte und Hebammen und zum Anderen durch Aufklärung der Mütter, beispielsweise in Eltern-Kind-Gruppen, entgegengewirkt werden. Selbsthilfegruppen für postpartale Depressionen sollten bekannter gemacht werden wie beispielsweise die Selbsthilfe-Organisation „Schatten & Licht".[34] Die Behandlungsangebote sind bisher nur unzureichend. Selbst die Angebote, welche vorhanden sind, werden nicht in adäquater Weise genutzt. Nur 18% der Betroffenen nehmen Therapieangebote wahr. Insbesondere in der Früherkennung und Frühprävention finden sich ideale Bedingungen, um postpartale Depressionen zu behandeln: Nach der Anwendung einer Bindungsanalyse wurde selbst bei entsprechender depressiver Vorerkrankung keine postpartale Depression beobachtet. Und dies gilt für den gesamten Zeitraum der Entstehung der Bindungsanalyse in den neunziger Jahren des letzten Jahrhunderts bis heute. Dies lässt den Schluss zu, dass die Bindungsanalyse die Mutter in ihrem Selbstwertgefühl stärkt. Eine Form der frühen Prävention, die derzeit noch zu wenig bekannt ist und in Anspruch genommen wird.

[34] siehe http://www.schatten-und-licht.de

Schlussgedanken

Bindung ist der Schlüssel zum Leben. Schon bevor die Schwangerschaft entsteht, entsteht eine Bindung, sei es als Wunsch oder noch ungeformter Gedanke. Zahlreiche Einflüsse begleiten die Entstehung der Bindung schon während der Schwangerschaft und prägen nachhaltig das Verhältnis von Mutter und Kind. Doch auch der Einfluss der Qualität der Beziehung der Eltern und Großeltern schlägt sich langfristig und Generationen übergreifend auf das Bindungsmuster nieder. Früh schon werden die Weichen für die seelische Gesundheit eines Kindes gestellt. Seit dem Einzug der modernen Medizin in die Geburtshilfe ist das Wissen auf der körperlichen und medizinisch-technischen Ebene stark angewachsen. Doch wird der Fokus häufig auf Defizite und Risikofaktoren der rein medizinisch-körperlichen Ebene gelegt, was die werdenden Eltern stark beeinflusst. Mit dem technischen und wissenschaftlichen Fortschritt hat das Wissen um Intuition, unterstützende Begleitung und positive psychische Einstimmung nicht standgehalten. Ein Bewusstsein dafür, wie wichtig eine angemessene Unterstützung für die werdenden Eltern und das ungeborene Kind ist, wird zunehmend deutlich.

Hier setzt genau die Bindungsanalyse an. Schon in der Schwangerschaft, bei Kinderwunsch sogar schon davor, kann mit der Förderung der Mutter-Kind-Bindung begonnen werden. Dabei können verdeckte Ängste oder unbewusste Blockaden aufgedeckt, aber auch transgenerationale Muster bewusst werden. In der Mutter-Kind-Bindungsförderung werden Kontakt und Beziehung von Mutter zu Kind und Kind zu Mutter vertieft. Die Elternkompetenz wird grundlegend entwickelt und gestärkt. Das führt dazu, dass die mütterliche und väterliche emotionale Präsenz verstärkt wird und die Feinfühligkeit im Umgang mit dem Ungeborenen, nach der Geburt auch mit dem Baby, nachhaltig gefördert wird.

Können Eltern ohne eigene Beeinträchtigung und Verstrickung ihre Liebe und Aufmerksamkeit an das entstehende Leben weiter geben, dann kann die daraus entstehende sichere Bindung auf alle Entwicklungsbereiche, auch auf körperlicher und genetischer Ebene, wirken. So werden frühzeitig die Elemente des Genoms beeinflusst, für das die Bindung als Schlüssel zum Leben dient. Die Mutter-Kind-Bindungsanalyse unterstützt die werdende Familie auf diesem Weg ins Leben.

Anhang

Empfehlenswerte Literatur

Auhagen-Stephanos, U. (2002): *Wenn die Seele nein sagt. Unfruchtbarkeit – Deutung, Hoffnung, Hilfe*. München: Kösel.

Auhagen-Stephanos, U. (2009): *Damit mein Baby bleibt. Zwiesprache mit dem Embryo von Anfang an*. München: Kösel.

Behrmann, I./Sturm, M. (Hrsg.): *Leben und Geburt. Pränatalzeit - Geburt – Kaiserschnitt - Frühe Kindheit. Regressionstherapeutische Dokumente*. Heidelberg: Mattes.

Hidas, H./Raffai, J. (2006): *Nabelschnur der Seele. Psychoanalytisch orientierte Förderung der vorgeburtlichen Bindung zwischen Mutter und Baby*. Gießen: Psychosozial-Verlag.

Hüther, G./Krens, I. (2008): *Das Geheimnis der ersten neun Monate. Unsere frühesten Prägungen* (6. Aufl.). Düsseldorf: Patmos.

Knöbl, G. (2013): *Geburtscoaching – Geburtsbonding. „Das Kind bringt sich mit Hilfe der Mutter zur Welt"*. Heidelberg: Mattes.

Meissner, B. R. (2013): *Emotionale narben aus Schwangerschaft und Geburt auflösen. Mutter-Kind-Bindungen heilen oder unterstützen – in jedem Alter*. Winterthur: Brigitte Meissner Verlag.

Renggli, F. (2013): *Das goldene Tor zum Leben. Wie unser Trauma aus Geburt und Schwangerschaft ausheilen kann*. München: Arkana Verlag.

Terry, K. (2014): *Vom Schreien zum Schmusen, vom Weinen zur Wonne. Babys verstehen und Heilen*. Wien: Axel Jentzsch Verlag.

www.bindungsanalyse.de

DVD „Birth as we know it", www.birthintobeing.com

Attachment Parenting www.attachment-parenting.de

Internationale Studiengemeinschaft für Pränatale und Perinatale Psychologie und Medizin www.isppm.de

Kaiserschnitt-Netzwerk www.kaiserschnitt-netzwerk.de

Schatten & Licht e.V. http://www.schatten-und-licht.de

Abkürzungsverzeichnis

ADHS	Aufmerksamkeitsdefizit und Hyperaktivitätssyndrom
BZgA	Bundeszentrale für gesundheitliche Aufklärung
CTG	Kardiotokograph: Herztonwehenschreiben
DGPFG	Deutsche Gesellschaft für Psychosomatische Frauenheilkunde und Geburtshilfe
DNS/DNA	Desoxyribonukleinsäure, engl. desoxyribonucleic acid (DNA)
EEG	Elektroenzephalografie, Hirnstrommessung
FST	Fremde-Situations-Test
GfG	Gesellschaft für Geburtsvorbereitung
HPA	hypothalamic-pituitary-adrenal, Hypothalamus-Hypophyse-Nebennierenrinde
ICSI	Intracytoplasmatische Spermieninjektion
ISPPM	International Society for Pre- and Perinatal Psychology and Medicine
IVF	In-vitro-Fertilisation (Reagenzglas-Befruchtung)
PDA	Periduralanästhesie
PND	Pränataldiagnostik
PTBS	Posttraumatische Belastungsstörung
RDS	Respiratory-Distress-Syndom
SchKG	Schwangerschaftskonfliktgesetz
SSW	Schwangerschaftswoche
WHO	World Health Organisation

Glossar

Adrenalin: Stresshormon, wird im Nebennierenmark gebildet

adrenogenitales Syndrom: eine der häufigsten Formen von □Intersexualität

Affektregulation: ist der Versuch, die eigenen Gefühle und Emotionen zu beeiflussen und zu kontrollieren

Amniozentese: Fruchtwasserpunktion; mit Hilfe einer Nadel wird in der 14. bis 16. Schwangerschaftswoche durch die Bauchwand der Mutter Fruchtwasser entnommen, um auf den genetischen Zustand des Ungeborenen schließen zu können.

Apgar-Score: Standardisierter Test direkt nach der Geburt, mit dem sich der klinische Zustand von Neugeborenen beurteilen lässt. Beurteilt wird beispielsweise Atmung, Herzschlag, Hautfarbe und Muskeltonus. Der Score wird 1, 5 und 10 Minuten nach der Geburt ermittelt.

Assistierte Befruchtung: alle medizinischen Verfahren für die Kinderwunschbehandlung

Bedding-in: Neugeborene schlafen direkt im Bett der Mutter

Chorionzottenbiopsie: Gewebeentnahme aus den Chorionzotten, woraus später die □Plazenta entsteht, kann ab der 9. Schwangerschaftswoche angewandt werden. Diese Methode ist unsicherer und riskanter als die □Amniozentese

Chromosomen: Träger der menschlichen Erbsubstanz; der menschliche Zellkern enthält 23 Chromosomenpaare

Chromosomenaberration: □Chromosomenanomalie

Cortisol: Stresshormon, wird in der Nebennierenrinde gebildet

Doppler-Ultraschall: Verfahren zur bildlichen Darstellung der Funktionsfähigkeit einzelner Organe und Blutversorgung des ungeborenen Kindes im Mutterleib. Die dabei freigesetzte Energie ist um ein zehnfaches höher als bei einer normalen Ultraschalluntersuchung, weshalb von einer vaginalen Ultraschalluntersuchung abgeraten wird.

Doula: Frau, die selbst Kinder geboren hat und über fundiertes Wissen rund um die Geburt verfügt. Sie gewährt einer werdenden Mutter in Schwangerschaft, Geburt und Wochenbett vor allem als emotionale Begleiterin einfühlsame und individuelle Unterstützung. Sie ersetzt weder Hebamme noch Gynäkologen. Diese Berufsgruppe ist in Deutschland noch nicht sehr bekannt.

Down-Syndrom (Trisomie 21): Früher auch als Mongolismus bezeichnete genetische Abweichung bei der das □Chromosom 21 dreimal statt zweimal vorhanden ist

Embryo: Der sich aus der befruchteten Eizelle entwickelnde Organismus bis zum Abschluss der Organanlage in der achten Schwangerschaftswoche (ab neunte SSW → Fötus/Fetus)

Endorphine: körpereigene Opioidpeptide, regeln Empfindungen wie Schmerz und Hunger, werden in □Hypophyse und □Hypothalamus produziert

Epiduralanästhesie: Synonym zu □Periduralanästhesie

Epigenetik: Wissenschaft von den molekularen Mechanismen, welche die Umgebung der Genaktivität steuern

Epigenom: Gesamtheit aller epigenetischen Markierungen eines □Genoms

Falsch-negativer Befund: Vorliegen der Krankheit trotz unauffälligem Testergebnis

Falsch-positiver Befund: Testergebnis, das fälschlicherweise einen krankhaften Befund angibt

Flashback: Wiedererleben oder Nachhallerinnerung. Psychologisches Phänomen, welches durch einen Schlüsselreiz (Trigger) hervorgerufen wird. Die Person hat dann ein plötzliches, sehr kraftvolles Wiedererleben eines vergangenen Ereignisses.

Fötus/Fetus: Bezeichnung des werdenden Lebens im Mutterleib ab der zwölften Schwangerschaftswoche

Gedeihstörung: Verzögerung der körperlichen Entwicklung eines Kindes, häufig verbunden mit Auffälligkeiten in der motorischen und psychosozialen Entwicklung

Gehirnstamm: verarbeitet Instinkte und Überlebensfunktionen

Genexpression: Ausprägung des □Genotyps zum □Phänotyp

Genom: das gesamte genetische Material, die Erbsubstanz eines Lebewesens

Genotyp: das Erbbild eines Organismus mit seinem individuellen Satz von Genen

Hippocampus: Teil des Großhirns, gehört zu den evolutionär ältesten Strukturen des Gehirns, zentrale Schaltstelle des □limbischen Systems, ordnet Erinnerungen, speichert sie jedoch nicht

HPA-Achse: hypothalamic-pituitary-adrenal axis; Hypothalamus-Hypophyse-Nebennierenrinde-Achse ist beteiligt an einem hormonellen Mechanismus, der auf Stress reagiert

Hyperemesis gravidarum: ein übermäßiges und anhaltendes, oft über den ganzen Tag wie auch nächtliches Erbrechen auch bei leerem Magen, das vor allem im ersten und zweiten Schwangerschaftsdrittel auftritt

Hypothalamus: ein Abschnitt des Zwischenhirns, er bildet Effektorhormone und steuert damit die vegetativen Funktionen des Körpers

Idiopathische Sterilität: langjährige Unfruchtbarkeit, für die es keine erkennbare Ursache gibt

Intersexualität: wenn ein Mensch genetisch, anatomisch oder hormonell nicht eindeutig einem Geschlecht zugeordnet werden kann

Intracytoplasmatische Spermieninjektion (ICSI): Methode der künstlichen Befruchtung, bei der ein Spermium direkt in eine reife Eizelle eingespritzt wird

Intrauterin: innerhalb der Gebärmutter

Invasiv: eindringend

In-vitro-Fertilisation (IVF): Reagenzglas-Befruchtung, Methode der künstlichen Befruchtung, bei der Eizellen mit Samenzellen des Partners im Reagenzglas zusammengebracht werden, um später nach Befruchtung als □Embryonen in die Gebärmutter übertragen zu werden

Konzeption: Befruchtung, Verschmelzung von männlichen und weiblichen Keimzellen

Kortex: Teil des Gehirns, verarbeitet das Bewusstsein

Kryokonservierung: Aufbewahrung von Eizellen oder Samenzellen in flüssigem Stickstoff bei minus 196°C

Limbisches System: Teil des Gehirns, Sitz der Gefühle

Lymphsystem: ein Teil des Immunsystems, hat außerdem eine Bedeutung im Flüssigkeitstransport des Körpers und steht in enger Beziehung zum Blutkreislauf

Neonatologie: die Lehre der Pathologie und Physiologie menschlicher Neugeborener sowie die Neugeborenen- und Frühgeborenenmedizin

Noradrenalin: Stresshormon, ist dem □Adrenalin verwandt, zeigt aber physiologisch unterschiedliche Wirkung, wird im Nebennierenmark gebildet

Opiate: natürliche oder pharmakologisch hergestellte Stoffe, die eine schmerzstillende Wirkung besitzen

Organscreening: hoch auflösende Ultraschalluntersuchung im Rahmen der Pränataldiagnostik zwischen der 19. und 22. Schwangerschaftswoche, um körperliche Fehlbildungen festzustellen

Oxytocin: Hormon, dem beim Geburtsprozess eine wichtige Bedeutung zukommt. Es beeinflusst das Verhalten zwischen Mutter und Kind sowie allgemein soziale Interaktionen, wird im □Hypothalamus gebildet

Periduralanästhesie: (PDA) Form der Leitungsanästhesie, hierbei wird die Weiterleitung des Schmerzes durch Einführen eines Katheters in den so genannten Periduralraum (der sich vor dem Rückenmark befindet) mit Hilfe der Injektion eines Lokalanästhetikums unterbrochen

Perinatal: um den Zeitpunkt der Geburt

Phänotyp: das Erscheinungsbild eines Organismus mit seinen physiologischen und psychologischen sowie erworbenen Eigenschaften

Plazenta praevia: Fehllage der □Plazenta, sie nistet sich hierbei in der Nähe des Gebärmutterhalses ein und verdeckt so den Geburtskanal ganz oder teilweise

Plazenta: Mutterkuchen, sorgt für die Ernährung des Kindes (Stoff- und Gasaustausch) und produziert Hormone, die die Schwangerschaft aufrechterhalten

Postnatal: der Zeitpunkt nach der Geburt für das Neugeborene

Postpartal: der Zeitpunkt nach der Geburt für die Mutter

Pränatal: vorgeburtlich

Primärer Kaiserschnitt: Indikationen zu einem Kaiserschnitt liegen bereits vor der Geburt vor, der Geburtsverlauf wird dann nicht abgewartet; z. B. Querlage oder Beckenendlage (Steißlage), Frühgeburten bis zur 32. SSW, □Plazenta praevia, zu enges mütterliches Becken, Zustand nach mehreren □Sectionen, Myome oder HIV-Infektion der Mutter, u. a.

Prolaktin: Hormon, ist vor allem für das Wachstum der Brustdrüse in der Schwangerschaft und für die Milchbildung verantwortlich, besitzt darüber hinaus auch psychologische Funktionen, wird in der □Hypophyse gebildet

Respiratory-Distress-Syndom: Atemnotsyndrom des Neugeborenen, Lungenfunktionsstörung

Rooming-in: eine Praxis in Krankenhäusern; es wird Eltern nach der Geburt ermöglicht im selben Zimmer mit ihren Kindern aufgenommen zu werden

Screening: systematische Untersuchung größerer Bevölkerungsgruppen (Schwangere, Ungeborene), um die Auftrittswahrscheinlichkeit von Krankheiten oder genetischen Abweichungen zu bestimmen

Sectio caesarea: Kaiserschnitt

Sekundärer Kaiserschnitt: Indikationen zu einem Kaiserschnitt ergeben sich erst unter der Geburt, 1) Not-Sectio: es muss ohne Zeitverzögerung gehandelt werden; z. B. pathologisches CTG, Uterusruptur (Gebärmutter reißt), schwere vaginale Blutungen, Nabelschnurvorfall (liegt zwischen kindlichem Kopf und Beckenausgang); 2) Kaiserschnitt, bei dem es nicht eilig ist zu handeln, z. B. Geburtsstillstand, Temperaturanstieg der Mutter (mögl. Infektion), kindlicher Kopf liegt queroval zum Becken, drohender Sauerstoffmangel des Kindes, u. a.

Sepsis: Entzündungsreaktion des Organismus auf eine Infektion durch Bakterien, umgangssprachlich auch Blutvergiftung

Serotonin: das „Wohlfühlhormon“ wird im Darm und im Gehirn hergestellt und über das Blut transportiert

Spiegelneurone: bestimmte Nervenzellen im Gehirn, die sich das, was wir bei anderen Menschen beobachten, so einprägen können, dass wir es selbst fühlen, aufgrund dessen aber auch besser nachahmen können

Spina bifida: auch „offener Rücken“; Neuralrohrfehlbildung mit je nach Schweregrad der Ausprägung starker körperlicher Beeinträchtigung (Querschnittslähmung); das zeitliche Entstehungsfenster der Fehlbildung liegt zwischen dem 22. und dem 28. Tag der Embryonalentwicklung

Sterilität: Nichteintreten einer Schwangerschaft bei einem Paar, das über zwei Jahre ungeschützten Geschlechtsverkehr ausübt; Unfruchtbarkeit

Synapse: Als Synapse wird die Stelle zwischen Nervenzellen bezeichnet. Die Nervenzellen stehen über die Synapse in Verbindung und es können Botenstoffe und Informationen ausgetauscht werden.

Teratogene: äußere Einwirkungen, die Fehlbildungen beim □Embryo hervorrufen können, u.a. Chemikalien, Viren, Strahlung, mütterlicher Stress

Thalamus: der größte Teil des Zwischenhirns, er moduliert die ein- und ausgehenden Informationen zum Großhirn

Tokolyse: Hemmung der Wehentätigkeit mittels bestimmter Medikamente, zum Beispiel bei drohender Frühgeburt.

Trigger: Schlüsselreiz, der als Auslöser zu plötzlichen, unwillkürlichen Erinnerungen (Flashbacks) führt.

Triple-Test: mütterliche Blutuntersuchung zur Feststellung der Wahrscheinlichkeit z. B. von □Down-Syndrom ab der 16. Schwangerschaftswoche

Uterus: Gebärmutter

Uterusruptur: Zerreißen der Gebärmutter, meist unter der Geburt

Vasopressin: dient dem Organismus bei der Steuerung des Wasserhaushalts, wird im Hypothalamus gebildet

Wochenbett: (lat.: puerperium) Zeitspanne von der Geburt bis zur Rückbildung der schwangerschafts- und geburtsbedingten Veränderungen, Dauer,ca. sechs bis acht Wochen

Wöchnerin: eine Mutter im □Wochenbett

Wunschkaiserschnitt: am Termin geplanter □primärer Kaiserschnitt ohne medizinische Indikation

Charta der „Rechte des Kindes“ vor, während und nach der Geburt

Einleitung

Die UN Konvention zu den „Rechten des Kindes“ war ein historischer Schritt, weil das Kind in seinen eigenen Rechten anerkannt wurde. Das Kind wurde nicht länger nur als ein Noch-nicht-Erwachsener gesehen, sondern als ein eigenständiges menschliches Wesen und als eigenständige menschliche Person mit einem Recht auf Versorgung, Schutz, Sicherheit und Mitsprache. Die UN Konvention zu den „Rechten des Kindes“ garantiert Entwicklungsrechte, die dem Kind erlauben sollen, sein volles Potential zu entwickeln.

Die Forschungen zur frühen Entwicklung des Kindes, wie sie besonders im Rahmen der Internationalen Studiengemeinschaft für Pränatale und Perinatale Psychologie und Medizin (ISPPM) und im Rahmen der American Association for Prental and Perianatal Psychology and Health (APPPAH) durchgeführt und diskutiert wurden, belegen, dass das individuelle und soziale Leben des Kindes bereits vor der Geburt beginnt. Die Zeit vor, während und nach der Geburt ist als Kontinuum zu betrachten, in dem unterschiedlichste Entwicklungs- und Lernprozesse miteinander verwoben, voneinander abhängig und aufeinander bezogen sind. Das Fundament unserer grundlegenden Gefühle von Sicherheit und Vertrauen wird in dieser Zeit gelegt. Eine Grundvoraussetzung für eine gedeihliche Entwicklung ist eine wechselseitige Bezogenheit. Auch das Kind vor der Geburt ist schon ein eigenständiges menschliches Wesen. Die Rechte des Kindes sollten in diesem Sinne erweitert werden. Die folgende Charta der „Rechte des Kindes“ vor, während und nach der Geburt versucht diese Rechte konkret zu machen. Hierbei geht es um grundlegende emotionale und körperliche Bedürfnisse, die erfüllt sein müssen, um eine gesunde Entwicklung des Kindes zu ermöglichen

„Rechte des Kindes“ vor, während und nach der Geburt

1. **Jedes Kind hat das Recht, schon vor der Geburt als eigene Person geachtet und respektiert zu sein.**
2. **Jedes Kind hat das Recht auf eine sichere vorgeburtliche Beziehung und Bindung.**
3. **Jedes Kind hat ein Recht darauf, dass während der Schwangerschaft und Geburt seine Erlebens-Kontinuität beachtet und geschützt wird.**
4. **Jedes Kind hat das Recht darauf, dass medizinische Interventionen, von Anfang an immer auch auf ihre seelische Auswirkung hin reflektiert und verantwortet werden.**
5. **Jedes Kind hat das Recht auf Hilfen für einen liebevollen und bezogenen Empfang in der Welt, der ihm eine sichere nach-**

geburtliche Bindung erlaubt.

6. **Jedes Kind hat das Recht auf eine hinreichend gute Ernährung vor und nach der Geburt. Jedes Kind sollte nach Möglichkeit gestillt werden.**
7. **Mit den Kinderrechten verbunden ist es ein Recht der künftigen Generationen, dass die Gesellschaft ihnen die Möglichkeit gibt, ihre eigenen Potentiale als Paar und als Eltern zu entwickeln.**
8. **Mit diesem Recht auf Entwicklung elterlicher Kompetenz ist das Recht des Kindes auf verantwortliche, feinfühlige und bezogene Eltern oder Ersatzpersonen verbunden.**
9. **Um diese Rechte des Kindes zu gewährleisten, haben die gesellschaftlichen Institutionen die Pflicht, die Eltern bei der Bewältigung ihrer Aufgaben zu unterstützen.**

Als Ergebnis aus der Diskussion wurde noch folgender Zusatz eingefügt: Selbstverständlich stehen diese Rechte auch in Beziehung zu den Rechten anderer Personen, insbesondere denen der Mutter und der Familie. Es ist nötig, einen Ausgleich zwischen ihnen zu finden mit Verständnis für die zugrundeliegenden Bedürfnisse aller, einschließlich denen der Kinder.

Diese Charta beruht auf der Wiener Resolution der Internationalen Studiengemeinschaft für Pränatale und Perinatale Psychologie und Medizin (ISPPM), auf den Ausführungen von Gaby Stroecken und Rien Verdult zur pränatalen Bindung und den Kinderrechten, der „Resolution des Internationalen Kongresses für Embryologie, Therapie und Gesellschaft 2002“ (Nijmegen/Niederlande) und der Moskauer Resolution der Russischen Gesellschaft für Pränatale und Perinatale Psychologie, die unter www.isppm.de zugänglich sind. Die Webseite der ISPPM bietet eine umfangreiche Literaturliste zum Thema.

Die Charta wurde von der Mitgliederversammlung der ISPPM in Heidelberg am 3. Juni 2005 beschlossen und verabschiedet.

Heidelberg, den 03.06.2005

Quelle: http://www.isppm.de/charta_de.html

Literaturverzeichnis

Alberti, B./Alberti, H. (2006): Die Erweiterung der psychodynamischen Theorie und Therapie um die pränatale Lebenszeit. . In: Krens, I./Krens, H. (Hrsg.): *Risikofaktor Mutterleib. Zur Psychotherapie vorgeburtlicher Bindungsstörungen und Traumata. Das pränatale Kind.* Göttingen: Vandenhoeck & Ruprecht, S. 67 – 84

Auhagen-Stephanos, U. (2002): *Wenn die Seele nein sagt. Unfruchtbarkeit – Deutung, Hoffnung, Hilfe.* München: Kösel.

Auhagen-Stephanos, U. (2011): Die Bindung beginnt vor der Zeugung – Frauen in der Reproduktionsmedizin. In: Levend, H./Janus, L. (Hrsg.): *Bindung beginnt vor der Geburt.* Heidelberg: Mattes, S. 100 – 112

Bauer, J. (2009): *Das Gedächtnis des Körpers. Wie Beziehungen und Lebensstile unsere Gene steuern* (15. erw. Aufl.). München/Zürich: Piper.

Bernfeld, S. (1928/1967): Sisyphos oder die Grenzen der Erziehung. Frankfurt am Main: Suhrkamp.

Beutel, M./Hertweck, J./Willner, H./Deckhardt, R./Weiner, H. (1996): Verarbeitung eines Spontanaborts – Ergebnisse einer kontrollierten Längsschnittstudie mit 125 Patientinnen. In: Brähler, E./Unger, U. (Hrsg.): *Schwangerschaft, Geburt und der Übergang zur Elternschaft. Empirische Studien.* Opladen: Westdeutscher Verlag, S. 245 – 263

Blazy, H. (2011): Auf Spurensuche – Vererbung ist mehr als die Summe aller Gene. In: Levend, H./Janus, L. (Hrsg.): *Bindung beginnt vor der Geburt.* Heidelberg: Mattes, S. 23 – 30

Brisch, K. H. (2007): Angst und Bewältigungsformen von Schwangeren und kindliche Entwicklung bei pränataler Ultraschall-Diagnostik. In: *Praxis der Kinderpsychologie und Kinderpsychiatrie* 56/2007, S. 795 – 808

Brisch, K. H. (2011): Einschlafen lernen. In: *Hebammen Zeitschrift 3*, S. 54 – 56

Chamberlain, D. B. (2011): Pränatale Körpersprache: Eine neue Perspektive auf uns selbst. In Schindler, P. (Hrsg.): *Am Anfang des Lebens. Neue körperpsychotherapeutische Erkenntnisse über unsere frühesten Prägungen durch Schwangerschaft und Geburt*. Basel: Schwabe, S. 29 – 46

Comenius, J.A. (1991): *Pampaedia. Allerziehung*. In deutscher Übersetzung herausgegeben von Schaller, K. Sankt Augustin: Academia.

de Jong, M. T./Kemmler, G. (2003): *Kaiserschnitt. Wie Narben an Bauch und Seele heilen können*. München: Kösel.

Dornes, M. (1996): *Der kompetente Säugling. Die präverbale Entwicklung des Menschen*. Frankfurt am Main: Fischer.

Dowling, T. (2004): Pränatale Einflüsse auf die frühe Mutter-Kind-Beziehung: Auswirkungen auf die Beckenspannung des Kindes. In: Janus, L. (Hrsg.): *Pränatale Psychologie. Ergebnisse der Pränatalen Psychologie*. Bd. 1. Heidelberg: Mattes, 191 – 203

Drieschner, E. (2011): *Bindung und kognitive Entwicklung – ein Zusammenspiel. Ergebnisse der Bindungsforschung für eine frühpädagogische Beziehungsdidaktik*. Eine Expertise der Weiterbildungsinitiative Frühpädagogischer Fachkräfte. München: Deutsches Jugendinstitut (WiFF-Expertisen, Band 13).

Ehlert, U. (2004): Einfluss von Stress auf den Schwangerschaftsverlauf und die Geburt. In: *Psychotherapeut*, 49(5), S. 367 – 376

Emerson, W. (1997): Geburtstraumen – psychische Auswirkungen geburtshilflicher Eingriffe. In: Janus, L./Haibach, S. (Hrsg.): *Seelisches Erleben vor und während der Geburt*. Neu-Isenburg: LinguaMed, S. 133 – 168

Fischer, A. (2005): Die Rolle der Frau in der Reproduktionsmedizin. In: David, M./Siedentopf, F./Siedentopf, J.-P./Neises, M. (Hrsg.): *Willkommen und Abschied – Psychosomatik zwischen Präimplantationsdiagnostik und palliativer Karzinome. Beiträge der Jahrestagung 2004 der DGPFG*. Gießen: Psychosozial-Verlag, S. 41 – 48

Fraiberg, S./Adelson, E./Shapiro, V. (2011): Gespenster im Kinderzimmer: Probleme gestörter Mutter-Säugling-Beziehungen aus psychoanalytischer Sicht. In: Fraiberg, S. (Hrsg.): *Seelische Gesundheit in den ersten Lebensjahren. Studien aus einer psychoanalytischen Klinik für Babys und ihre Eltern*. Gießen: Psychosozial-Verlag, S. 227 – 273

Friedrich, B. (2011): Riss in der Beziehung – Warum Kinder zu früh geboren werden. In: Levend, H./Janus, L. (Hrsg.): *Bindung beginnt vor der Geburt*. Heidelberg: Mattes, S. 286 – 294

Geisel, E. (2012): Bilder die blenden und vieles ausblenden. In: Hildebrandt, S./Schacht, J./Blazy, H. (Hrsg.): *Wurzeln des Lebens. Die pränatale Psychologie im Kontext von Wissenschaft, Heilkunde, Geburtshilfe und Seelsorge*. Heidelberg: Mattes, S. 127 – 134

Häsing, H./Janus, L. (1994): *Ungewollte Kinder – Annäherungen, Beispiele, Hilfen*. Reinbek bei Hamburg: Rowohlt.

Heller, A. (1998). *Geburtsvorbereitung. Methode Menne – Heller*. Stuttgart: Georg Thieme Verlag.

Hidas, H./Raffai, J. (2006): *Nabelschnur der Seele. Psychoanalytisch orientierte Förderung der vorgeburtlichen Bindung zwischen Mutter und Baby*. Gießen: Psychosozial-Verlag.

Hildebrandt, S. (2009): Die „professionelle Angst“ als Hauptrisikofaktor der modernen Geburtshilfe. In: Siedentopf, v. F./David, M./Siedentopf, J. P./Thomas, A./Rauchfuß, M. (Hrsg.): *Zwischen Tradition und Moderne. Psychosomatische Frauenheilkunde im 21. Jahrhundert. Beiträge zur 37. Jahrestagung der Deutschen Gesellschaft für Psychosomatische Frauenheilkunde und Geburtshilfe e. V. 2008*. Frankfurt am Main: Mabuse, S. 347 – 358

Hildebrandt, S. (2011): Wann beginnt Bonding? In: *Die Hebamme* 24(03), S. 148 – 152

Hildebrandt, S./Göbel, E. (2008): *Geburtshilfliche Notfälle. Vermeiden – erkennen – behandeln*. Stuttgart: Hippokrates.

Hildebrandt, S./Göbel, E. (2011): Überlegungen zur Pathogenese des Geburtsstillstandes. In: Hildebrandt, S. (Hrsg.): *Der Geburtsstillstand als komplexes Problem der modernen Geburtshilfe. Jahrbuch der Dresdner Akademie für individuelle Geburtsbegleitung*. Frankfurt am Main: Mabuse-Verlag, S. 15 – 24

Hollweg, W.H. (1998): *Der überlebte Abtreibungsversuch*. Int. J. of Prenatal and Perinatal Psychology and Medicine 10, S. 256 - 262

Hüther, G. (2009): *Männer. Das schwache Geschlecht und sein Gehirn*. Göttingen: Vandenhoeck & Ruprecht.

Hüther, G./Krens, I. (2008): *Das Geheimnis der ersten neun Monate. Unsere frühesten Prägungen* (6. Aufl.). Düsseldorf: Patmos.

Janus, L. (2006a): Der Umgang mit Schwangerschaft und Geburt im Wandel des psychokulturellen Feldes. In: Stöbel-Richter, Y./Ludwig, A./Franke, P./Neises, M./Lehmann, A. (Hrsg.): *Anspruch und Wirklichkeit in der psychosomatischen Gynäkologie und Geburtshilfe. Beiträge der Jahrestagung 2005 der DGPFG*. Gießen: Psychosozial-Verlag, S. 147 – 159

Janus, L. (2011a): *Der Seelenraum des Ungeborenen. Pränatale Psychologie und Therapie* (3. Aufl.). Ostfildern: Patmos.

Janus, L. (2011b): Neue Perspektiven für die Psychotherapie. In: Levend, H./Janus, L. (Hrsg.): *Bindung beginnt vor der Geburt*. Heidelberg: Mattes, S. 305 – 316

Janus, L. (2011c): *Wie die Seele entsteht. Unser psychisches Leben vor, während und nach der Geburt* (2. überarb. und erw. Aufl.). Heidelberg: Mattes.

Kast-Zahn, A./Morgenroth, H. (2007): *Jedes Kind kann schlafen lernen* (23. Aufl.). München: Gräfe und Unzer.

Kennell, J. H. (2008): Kontinuierliche Unterstützung während der Geburt: Einflüsse auf Wehen, Entbindung und Mutter-Kind-Interaktion. In: Brisch, K. H./Hellbrügge, T. (Hrsg.): *Die Anfänge der Eltern-Kind-Bindung. Schwangerschaft, Geburt und Psychotherapie* (2. Aufl.). Stuttgart: Klett-Cotta, S. 157 – 169

Kirchhoff, H. (1986): Vorwort. In: Schiefenhövel, W./Sich, D. (Hrsg.): *Die Geburt aus ethnomedizinischer Sicht. Beiträge und Nachträge zur IV. Internationalen Fachkonferenz der Arbeitsgemeinschaft Ethnomedizin über traditionelle Geburtshilfe und Gynäkologie* (2. Aufl.). Braunschweig/Wiesbaden: Vieweg & Sohn, S. 5 – 6

Kowaltcek, I./Lammers, C./Brunk, J./Bieniakiewicz, I./Gembruch, U. (2002): Psychische Beanspruchung der Schwangeren bei unauffälligen und bei auffälligen pränatalen Befunden. In: Brandenburg, U./Leeners, B. Petermann-Meyer, A./Schwarte, A./Dohmen, C./Neises, M. (Hrsg.): *Psychosomatische Gynäkologie und Geburtshilfe. Beiträge der Jahrestagung 2001 der DGPFG*. Gießen: Psychosozial-Verlag, S. 151 – 157

Krens, I./Krens, H. (2006): Beziehungsraum Mutterleib. Annäherung an eine Psychologie der vorgeburtlichen Entwicklung. In: Krens, I./Krens, H. (Hrsg.): *Risikofaktor Mutterleib. Zur Psychotherapie vorgeburtlicher Bindungsstörungen und Traumata. Das pränatale Kind*. Göttingen: Vandenhoeck & Ruprecht, S. 15 – 53

Krüll, M. (2011): Sicherheit für Schwangere und Kind? – Überlegungen zur pränatalen Diagnostik. In: Levend, H./Janus, L. (Hrsg.): *Bindung beginnt vor der Geburt*. Heidelberg: Mattes, S. 113 – 122

Kuntner, L. (1994): *Die Gebärhaltung der Frau. Schwangerschaft und Geburt aus geschichtlicher, völkerkundlicher und medizinischer Sicht* (4. Aufl.). München: Marseille.

Lange, U. (2000): Multiprofessionelle Schwangerenbetreuung. Beispiel der drohenden Frühgeburt aus der Sicht einer Hebamme. In: Weidner, K./Hellmann, V./Schuster, D./Dietrich, C./Neises, M. (Hrsg.): *Psychosomatische Gynäkologie und Geburtshilfe. Beiträge der Jahrestagung 2000 der DGPGG und der OGPGG*. Gießen: Psychosozial-Verlag, S. 77 – 86

Lauff, W. (2003): Der Kaiserschnitt aus erziehungswissenschaftlicher Sicht. In: *Die Hebamme* 2003/16, S. 162 – 168

Leboyer, F. (1978): *Der sanfte Weg ins Leben – Geburt ohne Gewalt*. München: Kösel.

Levend, H./Janus, L. (2011): Einleitung. In: Levend, H./Janus, L. (Hrsg.): *Bindung beginnt vor der Geburt*. Heidelberg: Mattes, S. 9 – 13

Lipton, B. H. (2006): *Intelligente Zellen. Wie Erfahrungen unsere Gene steuern*. Burgrain: Koha-Verlag.

Lukesch, H. (1981): Schwangerschafts- und Geburtsängste. Verbreitung – Genese – Therapie. In: *Klinische Psychologie und Psychopathologie*. Bd. 18. Stuttgart: Enke.

Lüpke, v. H. (2011): Ungewolltes Wunschkind – bedrohtes Traumkind. Die scheinbaren Paradoxien des Kinderwunsches. In: Levend, H./Janus, L. (Hrsg.): *Bindung beginnt vor der Geburt*. Heidelberg: Mattes, S. 40 – 48

Neises, M. (2000): Psychosomatik der Geburt. In: Neises, M./ Ditz, S. (Hrsg.): *Psychosomatische Grundversorgung in der Frauenheilkunde. Ein Kursbuch nach den Richtlinien der DGPGG und DGGG*. Stuttgart/New York: Thieme, S. 205 – 211

Niederhofer, H./Reiter, A. (2004): Einfluss von präpartalem Bindungsverhalten auf die Mutter-Kind-Bindung im Alter von 0,6 bzw. 6,0 Jahren und seine Objektivierung anhand intrauteriner Fetalbewegungen. In: Ettrich, K. U. (Hrsg.): *Bindungsentwicklung und Bindungsstörung*. Stuttgart: Thieme, S. 27 – 32

Nielsen, L. (1995): *Ein Kind entsteht. Bilddokumentation über die Entwicklung des Lebens im Mutterleib*. München: Mosaik.

Odent, M. (2005): *Es ist nicht egal, wie wir geboren werden. Risiko Kaiserschnitt*. Düsseldorf/Zürich: Patmos.

Olbrich, E. (1995): Normative Übergänge im menschlichen Lebenslauf: Entwicklungskrisen oder Herausforderungen. In: Filipp, S. H. (Hrsg.): *Kritische Lebensereignisse* (3. Aufl.). München: Urban & Schwarzenberg, S. 123 – 138

Pinto, C. (2011): Aufmerksamkeitsdefizit-/Hyperaktivitäts-Störung (ADHS) und frühe Bindungsdesorganisation. Eine prospektive Studie mit Kindern, die nach einer Totgeburt geboren wurden. In: Brisch, K. H. (Hrsg.): *Bindung und frühe Störungen der Entwicklung*. Stuttgart: Klett-Cotta, S. 256 – 281

Presch, Carmen (2002): 20 Jahre Frauenärztin. Auf der Suche nach der Patientin. In: Brandenburg, U./Leeners, B. Petermann-Meyer, A./Schwarte, A./Dohmen, C./Neises, M. (Hrsg.): *Psychosomatische Gynäkologie und Geburtshilfe. Beiträge der Jahrestagung 2001 der DGPFG*. Gießen: Psychosozial-Verlag, S. 33 – 40

Raffai, J. (2012): Bindungsanalyse: neu aufgeladen. In: Blazy, H. (Hrsg.): *„Gespräche im Innenraum". Intrauterine Verständigung zwischen Mutter und Kind*. Heidelberg: Mattes, S. 46 – 59

Raffai, J. (2015): *Gesammelte Aufsätze. Entwicklung der Bindungsanalyse*. Herausgegeben von Helga Blazy. Heidelberg: Mattes.

Rank, O. (1924): *Das Trauma der Geburt und seine Bedeutung für die Psychoanalyse*. Leipzig: Internationaler Psychoanalytischer Verlag.

Renggli, F. (2004): Babytherapie. In: Janus, L. (Hrsg.): *Pränatale Psychologie. Ergebnisse der Pränatalen Psychologie*. Bd. 1. Heidelberg: Mattes, 159 – 173

Renggli, F. (2012): Die pränatale Psychologie im Brennpunkt zwischen Wissenschaft und Spiritualität. In: Hildebrandt, S./Schacht, J./Blazy, H. (Hrsg.): *Wurzeln des Lebens. Die pränatale Psychologie im Kontext von Wissenschaft, Heilkunde, Geburtshilfe und Seelsorge*. Heidelberg: Mattes, S. 15 – 24

Rohde, A./Woopen, C. (2007): *Psychosoziale Beratung im Kontext von Pränataldiagnostik. Evaluation der Modellprojekte in Bonn, Düsseldorf und Essen*. Köln: Deutscher Ärzte-Verlag.

Scheele, M. (1998): Der „schwangere Mann". Psychosomatische Aspekte der Männerrolle während Schwangerschaft, Geburt und Wochenbett. In: Richter, D./Schuth, W./Müller, K. (Hrsg.): *Psychosomatische Gynäkologie und Geburtshilfe. Beiträge der Jahrestagung 1997*. Gießen: Psychosozial-Verlag, S. 151 – 158

Schiefenhövel, W. (2008): „Bedding-in“ als Prophylaxe gegen Baby-Blues? Evolutionsmedizinische und kulturenvergleichende Aspekte. In: Brisch, K. H./Hellbrügge, T. (Hrsg.): *Die Anfänge der Eltern-Kind-Bindung. Schwangerschaft, Geburt und Psychotherapie* (2. Aufl.). Stuttgart: Klett-Cotta, S. 100 – 114

Schuckall, H. M./Merten, C./Maier, B./Wenger, A./Pollheimer, G./Kurz, M. R. (2010): Schmerzen im Kraißsaal – Einflussfaktor Hebamme! In: Maier, B./Braun, C./Schuster, D./Wenger, A./Rauchfuß, M. (Hrsg.): *Ver-bindung. Bindung, Trennung und Verlust in der Frauenheilkunde und Geburtshilfe. Beiträge der 1. Drei-Länder-Tagung der DGPFG e. V., ÖGPGG und SAPGG 2009*. Frankfurt a. M.: Mabuse-Verlag, S. 369 – 357

Schwägerl, C. (2007): Ein Dogma fällt. In: *GEO*, 32. Jg., H. 04/2007, S. 152 – 153

Spork, P. (2010): *Der zweite Code. Epigenetik – oder: Wie wir unser Erbgut steuern können*. Reinbeck bei Hamburg: Rowohlt Taschenbuch Verlag.

Terry, K. (2004): Observations in Treatment of Children Conceived by In Vitro Fertilization. In: Janus, L. (Hrsg.): *Pränatale Psychologie. Ergebnisse der Pränatalen Psychologie*. Bd. 1. Heidelberg: Mattes, 107 – 116

Terry, K. (2011): Beobachtungen bei der Behandlung von Kindern, die durch künstliche Befruchtung gezeugt wurden. In: Schindler, P. (Hrsg.): *Am Anfang des Lebens. Neue körperpsychotherapeutische Erkenntnisse über unsere frühesten Prägungen durch Schwangerschaft und Geburt*. Basel: Schwabe, S. 265 – 272

Terry, K. (2014): *Vom Schreien zum Schmusen, vom Weinen zur Wonne – Babys verstehen und heilen*. Wien: Axel Jentsch Verlag.

Thurmann, I.-M. (2004): Psychologische Schwangerenbegleitung und Baby-Therapie in der Praxis. In: Janus, L. (Hrsg.): *Pränatale Psychologie. Ergebnisse der Pränatalen Psychologie*. Bd. 1. Heidelberg: Mattes, 139 – 158

Thurmann, I.-M. (2008): Die Kaiserschnittgeburt und ihre Auswirkungen. In: Behrmann, I./Sturm, M. (Hrsg.): *Leben und Geburt. Pränatalzeit - Geburt – Kaiser-*

schnitt - Frühe Kindheit. Regressionstherapeutische Dokumente. Heidelberg: Mattes , S. 82 – 93

Uvnäs-Moberg, K. (2011): Die Funktion von Oxytocin in der frühen Entwicklung und die mögliche Bedeutung eines Ocytocinmangels für Bindung und frühe Störungen der Entwicklung. In: Brisch, K. H. (Hrsg.): *Bindung und frühe Störungen der Entwicklung*. Stuttgart: Klett-Cotta, S. 13 – 33

Verdult, R. (2011): Die Neuverdrahtung des Gehirns. Zerebrale Entwicklung, pränatale Bindung und ihre Konsequenzen für die Psychotherapie. In Schindler, P. (Hrsg.): *Am Anfang des Lebens. Neue körperpsychotherapeutische Erkenntnisse über unsere frühesten Prägungen durch Schwangerschaft und Geburt*. Basel: Schwabe, S. 29 – 46

Verdult, R. (2012): Bindung in der frühkindlichen Entwicklung – Pränatale Programmierung späterer Beziehungsfähigkeit. In: Hildebrandt, S./Schacht, J./Blazy, H. (Hrsg.): *Wurzeln des Lebens. Die pränatale Psychologie im Kontext von Wissenschaft, Heilkunde, Geburtshilfe und Seelsorge*. Heidelberg: Mattes, S. 237 – 267

Verny, T. (1997): Isolation, Ablehnung und Gemeinschaft im Mutterleib. In: Janus, L./Haibach, S. (Hrsg.): *Seelisches Erleben vor und während der Geburt*. Neu-Isenburg: LinguaMed, S. 51 – 60

Zimmermann, I. (2011): *Vor der Geburt. Einflußgrößen kinder- und jugendpsychiatrischer Störungen. Eine Retrospektive empirische Studie*. Göttingen: Cuvillier.

Über die Autorin

Sarah Burgard ist Diplom-Pädagogin, Bindungsanalytikerin und Elternbegleiterin.
Sie ist verheiratet, hat vier Kinder und lebt im Raum Trier. Seit einigen Jahren ist sie zudem als Bildungsreferentin in diversen Institutionen tätig. Neben der Qualifizierung in Bindungspädagogik und Pädagogik der pränatalen Lebensphase hat sie sich auf „Frühe Hilfen“ und seelische Gesundheit in der frühen Kindheit spezialisiert. Sarah Burgard ist Mitglied in der ISPPM, der Internationalen Gesellschaft für Prä- und Perinatale Psychologie und Medizin.
Die Autorin ist zu erreichen unter Sarah.Burgard@web.de.

Printed by Books on Demand GmbH, Norderstedt / Germany